TREASURE HUNTERS

SHIPWRECKS

NICK HUNTER

Chicago, Illinois

Edited by Laura Knowles, Adam Miller, Harriet Milles, and Helen Cox Cannons
Designed by Victoria Allen
Original illustrations © Capstone Global Library Ltd 2013
Illustrated by Martin Bustamante
Picture research by Tracy Cummins

Originated by Capstone Global Library Ltd
Production by Alison Parsons
Printed and bound in the USA.
009945R

Library of Congress Cataloging-in-Publication Data
Hunter, Nick.
  Shipwrecks / Nick Hunter.—1st ed.
    p. cm.—(Treasure hunters)
  Includes bibliographical references and index.
  ISBN 978-1-4109-4954-7 (hbk.)—ISBN 978-1-4109-4961-5 (pbk.) 1. Shipwrecks—Juvenile literature. 2. Treasure troves—Juvenile literature. I. Title.
  G525.H8976 2013
  910.4′52—dc23   2012012892

Acknowledgments
We would like to thank the following for permission to reproduce photos: Alamy 7 (©Mary Evans Picture Library), 12 (©Roger Bamber), 13 (©Terry Fincher, Photo Int), 14t (©UK History), 37 (©celebrity); ©AP Photo 35; Art Resources 34 (©20th Century Fox/Paramount/The Kobal Collection/Wallace, Merie W.); Bridgeman Art Library 9 (©Basire, James/Private Collection); Corbis 14b (©Adam Woolfitt), 17 (©The Gallery Collection), 19 (©Derek Bayes-Art/Lebrecht Music & Arts), 23 (©Jonathan Blair), 33, 36 (©Ralph White), 43 (© Stephen Frink); Getty Images 15 (©RDImages/Epics), 31 (©National Geographic), 39 (©Michel Boutefeu); Istockphoto 20 (© Sharon Metson); ©Library of Congress Prints and Photographs 6, 27; Newscom 8, 30 (©ZUMA Press), 16 (©HANA KALVACHOV/ISIFA/SIPA), 22b (©David Spencer/Palm Beach Post /ZUMA Press), 25 (©AFP/GETTY IMAGES), 29t (©EMMANUEL DUNAND/AFP/Getty Images); NOAA 29b (©side-scan-sonar-rude), 38 (©OAR/National Undersea Research Program (NURP); Woods Hole Oceanographic Inst.); Press Association Images 5b (©Chris Ison/PA Archive); Shutterstock 1 (©bioraven), 4t (©EpicStockMedia), 5t (©ded pixto), 8t (©Alex Staroseltsev), 10 (©James Steidl), 18 (©Larry Jacobsen), 21 (©frantisekhojdysz), 22b (©Rashevskyi Viacheslav), 26 (©Nejron Photo), 28b (©ID1974), 28t (©Rich Carey), 32t (©Sergej Khakimullin); Superstock p.32b (©Titanic Images/Universal Images Group); The Image Works 4b, 11 (©National Maritime Museum, London). Design features: ©Shutterstock.

Expert consultant
We would like to thank Dr. Linda Hulin for her invaluable help in the preparation of this book. Dr. Hulin is research assistant to the director at the Oxford Center for Maritime Archaeology, University of Oxford, England, and director of the Western Marmarica Coastal Survey, Libya.

Guided Reading Level: U

CONTENTS

Treasure Beneath the Waves... 4

The *Mary Rose*... 8

Treasure Fleet Tragedy 16

SS *Republic*..24

The "Unsinkable" *Titanic* 32

Could You Be a Maritime Archaeologist?.............................42

Timeline.. 44

Glossary 45

Find Out More... 46

Index... 48

TREASURE BENEATH THE WAVES

Newspapers broke the news across Europe. A storm had claimed the *Merchant Royal*, which had taken its precious cargo of gold and silver to the seabed close to Land's End, at the southwestern tip of England. The loss of the *Merchant Royal* and its treasure in 1641 meant ruin for merchants and bankers. But for treasure hunters everywhere, the ship's fate meant that there was fabulous treasure lying somewhere beneath the English Channel, just waiting to be discovered.

A fleet of English merchant ships sail through a storm. The *Merchant Royal* would have looked like this.

The search for the *Merchant Royal*'s treasure continues to this day. The latest technology, including diving equipment and submarines, has made it easier for treasure hunters to find riches beneath the waves, but there are still many shipwrecks that have not been discovered.

WINDOWS ON THE PAST

For thousands of years, ships were the only way for people and goods to travel across seas and oceans. Often these voyages ended in a shipwreck. Sinking ships took treasures with them to the seabed. But treasure hunters can discover more than just riches. Wrecks of ships, such as the Civil War-era SS *Republic*, can give us a window into the lives of the people who sailed them, through the everyday items they left behind.

Shipwrecks are incredibly fragile. It is important that they are explored by trained archaeologists, so that we can learn as much as possible about them and preserve them for the future.

The *Merchant Royal* was carrying one of the richest cargoes ever lost at sea, including more than 500,000 Spanish silver coins and 500 gold ingots.

WHAT CAUSES SHIPWRECKS?

Ships can be wrecked for many different reasons. The immense power of ocean storms can drive even the biggest ships onto rocky coasts. In the past, wooden ships like the *Merchant Royal* could be torn apart by wind and waves.

During centuries of warfare, warships have tried to sink their enemies with cannons and artillery. Torpedoes fired from submarines were used to sink warships and cargo vessels, such as the British passenger liner *Lusitania*.

Other shipwrecks happen because of freak accidents or collisions. Although shipwrecks can contain treasures for explorers and archaeologists, people must always remember that a wreck may have claimed the lives of many people.

Almost 1,200 people died when the *Lusitania* was sunk by a German torpedo in 1915. Many people think the huge loss of life was partly because the ship was secretly carrying some explosives.

Exploring underwater

To discover and recover treasures beneath the sea, people have to be able to breathe underwater. Even thousands of years ago, divers would carry a supply of air in a barrel. Today, treasure hunters can use manned and unmanned submarines to explore many miles below the surface.

... million wrecks beneath the world's oceans. Many of these are undiscovered and could hold exciting secrets and treasure from the past.

There are many legends of wreckers who would use lights to lure ships onto the rocks, so they could steal their cargo.

THE MARY ROSE

England is under attack. It is July 1545, and a French fleet of more than 200 ships is approaching the south coast. King Henry VIII of England watches anxiously from the shore as his smaller fleet sails out to do battle with his enemies. His favorite ship, the *Mary Rose*, leads the way.

> Even if they could have escaped from a ship, many sailors could not swim in the 1500s. They believed that learning to swim would bring bad luck and their ship would surely sink.

The *Mary Rose* was one of the greatest ships of its time.

DISASTER STRIKES

As it nears the French ships, the *Mary Rose* turns to point its cannons at the enemy. A sudden gust of wind catches the ship, pushing it onto one side. As water fills its lowest gun ports, the ship cannot recover. The *Mary Rose* sinks in minutes.

Around 500 men were drowned as the ship sank beneath the waves. The ship's decks were protected by nets to stop the enemy from boarding. These nets stopped the crew from escaping the sinking ship.

In this picture of the battle, the *Mary Rose's* masts can just be seen poking out of the water.

HOW DID IT HAPPEN?

From the moment the *Mary Rose* disappeared beneath the waves, people asked why the disaster had happened. At first, the French claimed that their guns had damaged the *Mary Rose*. The real reason was a dangerous mix of the ship's design and mistakes made by its crew. Most of the crew members paid for these mistakes with their lives.

Carrying heavy cannons and lots of extra people to fire them made the *Mary Rose* difficult for the crew to manage.

"... WHEN SHE HEELED [TILTED] OVER WITH THE WIND THE WATER ENTERED BY THE LOWEST ROW OF GUN PORTS WHICH HAD BEEN LEFT OPEN AFTER FIRING."

A REPORT FROM A SURVIVOR OF THE DISASTER

The ship had been part of Henry VIII's navy for more than 30 years. It had been refitted with more cannons to smash the sides of enemy ships. These cannons probably played a part in the sinking of the *Mary Rose* itself.

If a ship's gun ports were too high above the water, the heavy cannons would overbalance the ship. Gun ports had to be close to the waterline, and the crew members had to make sure they were closed when the ship was moving. Eyewitness reports say that this did not happen. When the ship was tilted over by a gust of wind, it filled with water and was doomed.

GEORGE CAREW

Born: c. 1504

Died: 1545

Nationality: British

Vice-admiral and captain of the Mary Rose, Carew was one of the hundreds who died on the ship. Carew was in charge of all aspects of life on board ship. He described his own crew as "the sort of knaves whom he could not rule."

Mary Rose

FINDING THE WRECK

Over hundreds of years, the ship sank into the sand on the seabed. Currents and marine creatures ate away at the timbers that were above the sand.

In 1836, a fisherman's net became caught on an object on the seabed. Diver John Deane was brought in to free the net and was amazed to discover that it was caught on the remains of the famous warship. He salvaged a cannon that proved the wreck was the *Mary Rose*. After a few dives, the wreck was forgotten again.

In the 1960s, Alexander McKee had a hunch that he could find the ship. People said his team was crazy as they used sonar to scan the seabed for the ship. Was the large object they found covered in mud on the seabed a 400-year-old warship? If so, they had to remove the mud and sand incredibly gently so they did not damage the ancient timbers. Slowly, the timbers of the *Mary Rose* began to emerge.

This diver is getting ready to dive down to the *Mary Rose*.

RAISING THE MARY ROSE

Finding the ship was one thing, but lifting it back to the surface of the sea was a huge project. First, the *Mary Rose* had to be lifted out of the seabed inch by inch, so it could be moved to a supporting cradle. Finally, on October 11, 1982, the *Mary Rose* was lifted clear of the water by a massive floating crane.

After 400 years underwater, the *Mary Rose* is lifted from the seabed.

ALEXANDER MCKEE

Born: 1918

Died: 1992

Nationality: British

He was the man behind the project to find and raise the Mary Rose. McKee made the first dive to the wreck site in 1966. It took five years for his team to be sure that the wreck was the Mary Rose—but even then they did not know about the amazing treasures inside.

ℱASCINATING ℱINDS

The treasure of the *Mary Rose* was not gold or silver, but rather what the ship itself and the many things it contained could tell us about life at sea 500 years ago. In addition to cannons and other weapons, the wreck's contents included clothing, food, and musical instruments. Archaeologists also have the gruesome task of studying the skeletons of the *Mary Rose*'s crew and even the bones of the rats that went down with the ship.

Finds from the ship included this board game.

Preserving the ship

The battle to preserve the ship never stops. For more than 20 years after it was raised from the seabed, the ship's timbers were sprayed with water and later a waxy material. This stopped the ancient wood from decaying and breaking apart as it dried out. More than 20,000 precious historical artifacts from the ship also need to be preserved.

Live pond snails were used to protect some items from the ship. They ate fungi and other organisms that would attack the delicate objects.

Preserved Mary Rose

TREASURE FLEET TRAGEDY

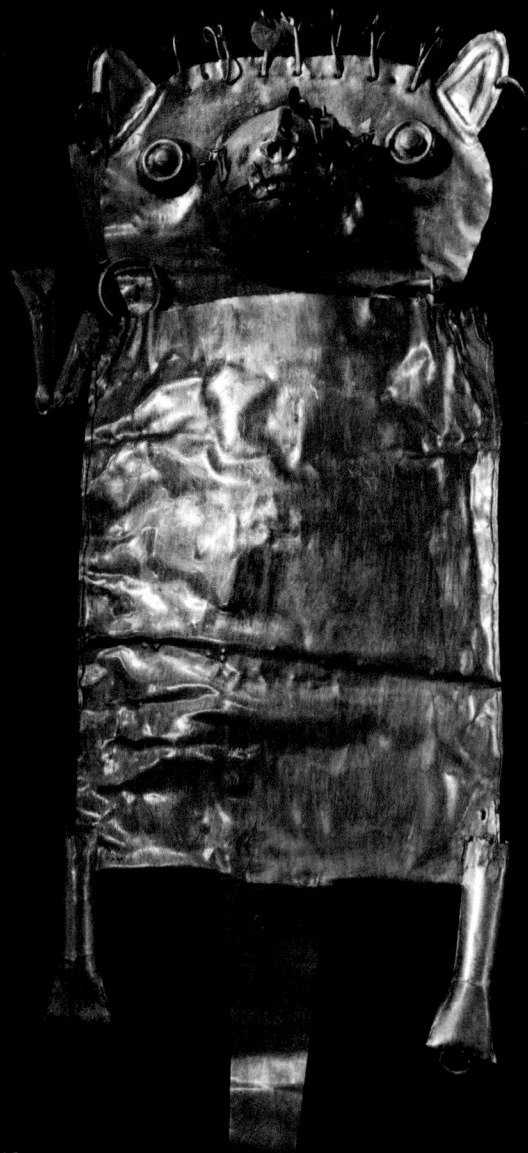

One of the greatest and most destructive treasure hunts of all was the Spanish search for gold and silver in the "New World" of Central and South America. Following in the footsteps of Christopher Columbus, Spanish explorers such as Hernán Cortés looted the treasure of the Aztec and Inca civilizations to provide riches for Spain.

Every summer, two fleets of ships would leave the Caribbean carrying this treasure. It was a risky journey, as they dodged pirates and the hurricanes that usually hit the region from late July onward.

In 1622, a treasure fleet left Havana, Cuba, on September 4. It was running late, and the hurricane season was starting. The richest treasure was carried by the heavily armed *Nuestra Señora de Atocha*, at the back of the fleet.

Beautiful gold ornaments were melted down to make money for the Spanish.

Navigation

Ships of the 1600s did not have the accurate navigation and weather information of today's ocean-going vessels. Captains could use the position of the Sun to tell how far north or south they were, but it was much more difficult to know their position east or west. Whenever possible, they followed the coast, risking a wreck on rocky shores.

The *Atocha* was carrying an amazing cargo including 35 tons of silver, more than 100 gold ingots, jewels, and other precious metals.

Galleons crossing the Atlantic Ocean sailed together to avoid being picked off by pirates.

THE DISASTEROUS VOYAGE

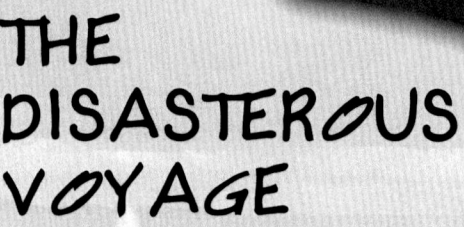

Just a day after leaving Havana, a fierce hurricane hit the treasure fleet. The ships at the rear, including the *Atocha*, became separated from the rest by the howling winds and mountainous waves. The ship, loaded down with its treasure, was driven onto a coral reef off the coast of Florida and sank in shallow coastal waters.

Of the 265 people on board, just three crew members and two slaves survived by clinging to the ship's mast. A passing merchant ship rescued them and tried to get into the *Atocha*, but its hatches were tightly closed. With no diving equipment, they could only work underwater for a very short time.

If a galleon lost its masts in a storm, it could not steer away from the rocks that might tear the ship apart.

"... SUDDENLY THEY CAME TO SHALLOW WATER, AND IN SHORT SPACE RAN HERSELF ON GROUND ... WITH THE LOSS OF HER PEOPLE, EXCEPT THREE MEN AND TWO BOYS: THIS WAS ON THE COAST OF MARACAMBE IN FLORIDA."

FROM AN ENGLISH ACCOUNT OF THE SHIPWRECK OF THE ATOCHA, 1623

STILL NO LUCK

Spanish salvagers tried for many years to get their hands on the sunken treasure. Storms and waves moved the ship and, in the end, they had to give up. It seemed as if the *Atocha*'s riches would remain out of reach.

There was so much treasure lost with the *Atocha* that the Spanish government had to borrow more money to finance its wars.

Galleons like this one were designed to carry treasure and up to 60 cannons.

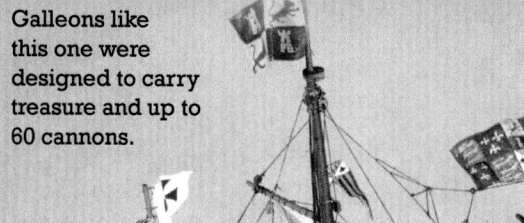

crew's quarters

hold for treasure

captain's and officers' cabins

cannons for protection

Even with the latest equipment, exploring shipwrecks on the seabed still carries many dangers.

THE SEARCH FOR THE ATOCHA

The lure of the *Atocha*'s fabulous treasure did not die. Historical records told the story of the wreck and its precious cargo. In the 1960s, the treasure hunter Mel Fisher began to follow the trail of the galleon.

The search was a long one. For many years, Fisher and his team found objects and clues that showed a wreck was nearby, but they could not tell if it was the *Atocha*. The first breakthrough came in 1973. Three silver ingots were found that matched the list of treasure carried by the missing galleon.

DIVING DISASTER

In 1975, disaster struck the salvage team. Fisher's son Dirk had just found some cannons that proved the *Atocha* was nearby when a dive boat turned over, killing Dirk, his wife, and another diver. The tragic accident spurred Fisher on to complete the job and find the treasure.

Diving technology

The search for the *Atocha* could never have happened without the invention of SCUBA diving. In 1942, Jacques-Yves Cousteau developed the Aqua-Lung. This metal container filled with air helped divers to stay underwater for longer and to move freely without being attached to an air supply on the surface.

THE MOTHER LODE

The motto of the team searching for the *Atocha* was "Today's the day." For every day when they made a major discovery, there were hundreds when their search for treasure seemed useless. But on July 20, 1985, two divers were amazed to discover a huge pile of more than 1,000 silver bars beneath the ocean.

This is a silver ingot from *Nuestra Señora de Atocha*.

This was just the start of the *Atocha*'s treasure. In total, Fisher's team found silver, gold, and jewels valued at up to $400 million. In addition to this treasure, there were priceless artifacts of the region's colonial history.

> "I STILL RECALL MY FIRST DIVE ON THE ATOCHA SITE VIVIDLY. IT WAS LIKE BEING TRANSPORTED BACK IN TIME, OVER 350 YEARS, TO THE DAY THIS HISTORIC SHIP WENT DOWN ... SILVER COINS, BITS OF POTTERY, AND SWORDS WERE CLEARLY VISIBLE TO THE TRAINED EYE."
>
> **R. DUNCAN MATHEWSON III, ARCHAEOLOGIST**

CONTROVERSY

Governments and archaeologists accuse treasure hunters like Mel Fisher of being more interested in making money than in preserving historic sites. They argue that treasure hunters disturb historic sites. The whole shipwreck is important, not just the treasures it may hold. The International Convention on Underwater Cultural Heritage was introduced to help prevent wrecks and treasure from being salvaged for profit.

Professional treasure hunters point out that they spend many years and lots of money finding some of history's most important shipwrecks. Others argue cultural heritage belongs to everybody and should not be sold to the highest bidder.

Mel Fisher's search for treasure made him a controversial figure.

SS REPUBLIC

The crippled paddle steamer had been battling a hurricane for two days. Howling winds and huge waves had flooded the ship's boilers and left it drifting without power in the ferocious storm. The reserve boiler that powered the pumps had also been swamped. Without these pumps, the crew and passengers knew the ship was sinking. They were around 100 miles (160 kilometers) from the coast of Georgia.

Much of the SS *Republic*'s cargo had already been thrown overboard, apart from the barrels of gold coins and other treasure that they were carrying. People feverishly bailed buckets of water from the hold to buy a bit of time until the lifeboats were ready.

At 4:00 p.m. on October 25, 1865, the SS *Republic* finally sank to the bottom of the ocean. Amazingly, all the crew and passengers managed to scramble into the lifeboats, although they still had to survive the storm for two days or more, until they could be rescued by passing ships.

"IT WAS DESPERATION INTENSIFIED. NO MAN STOPPED TO THINK WHAT WAS THE FATE IMPENDING IN A FEW HOURS, AND YET BUT FEW HOPED FOR ANYTHING BUT LIFE, AND NONE EXPECTED ANYTHING BUT DEATH."

FROM AN ACCOUNT BY COLONEL WILLIAM NICHOLS, A PASSENGER, ON THE DESPERATE BATTLE TO SAVE THE SS *REPUBLIC*

COLONEL WILLIAM NICHOLS

Born: 1829

Died: 1882

Nationality: American

William Nichols had already lived through the battles of the Civil War. He survived many days in an open boat after the sinking of the SS *Republic*. Nichols described his ordeal in a letter to his wife, without knowing that she was dying of typhoid fever.

the SS *Republic*

SURVIVAL

The last survivors of the SS *Republic* were picked up on November 2, a week after the disaster. Two men were found clinging to a raft. Fourteen of their companions had been washed away or jumped from the raft and were never seen again. Amazingly, most of the ship's 80 passengers and crew lived to tell the tale.

"OUR THROATS BEGAN TO SWELL FROM THIRST ... AT THIS POINT WE WERE ON THE POINT OF DESPAIR, AND TOOK OFF OUR CLOTHING AND JUMPED INTO THE SEA, TO ABSORB MOISTURE EXTERNALLY, WHICH ALLEVIATED OUR SUFFERING VERY MUCH FOR THE TIME BEING."

THE PASSENGERS' SUFFERING DID NOT END WHEN THE SS REPUBLIC SANK, AS REPORTED BY WILLIAM NICHOLS

The SS *Republic* had already survived three hurricanes before disaster struck on its voyage to New Orleans.

A DISTINGUISHED CAREER

The SS *Republic* itself was a war veteran and had been used as a warship by both sides during the Civil War. The ship had survived many years of war and extreme weather before meeting the "perfect storm" in 1865.

The ship was headed for New Orleans, carrying everything—from cloth to harmonicas—that was in short supply in the southern states following the Civil War. It was also carrying gold and silver coins, worth more than $300,000 at the time. As the ship sank in the deep ocean, it seemed as if the treasure would be lost forever.

The SS *Republic*'s final voyage was an essential mission to help rebuild the southern states ravaged by the Civil War.

DEEP-SEA SEARCH

For more than 100 years after the sinking of the SS *Republic*, the wreck was too deep and far from the coast to be reached by divers. But modern search-and-recovery technology brought the treasure within reach.

In 2002 and 2003, Odyssey Marine Exploration studied newspaper articles from the time, survivors' reports, and computer models of the ship's journey to try to locate the wreck. It used sonar to scan more than 1,500 square miles (3,885 square kilometers) of ocean as well as magnetometers that could detect metals on the seabed.

AN EXCITING FIND!

The team used an unmanned submarine called an ROV (remotely operated vehicle) to study the many wrecks found by the sonar survey. It found a wreck with two large paddle wheels that matched the size of the *Republic*. Was it the ship they were all looking for, revealed after 140 years?

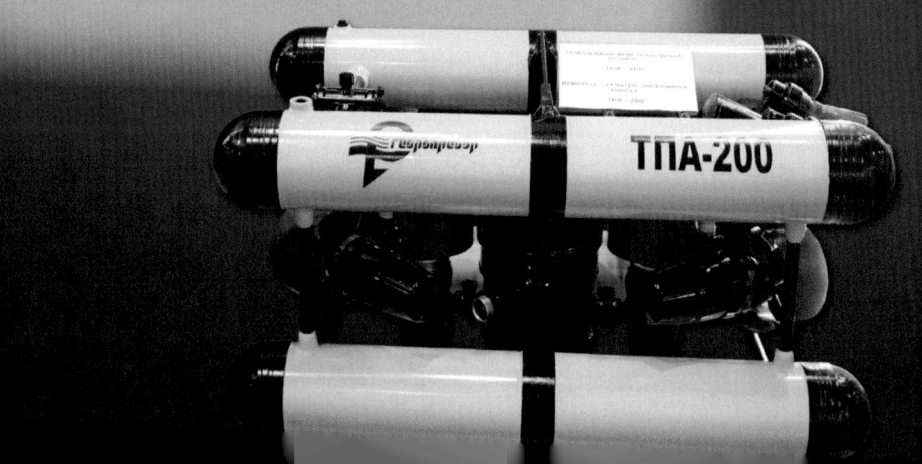

GREG STEMM

Born: 1957

Nationality: American

Greg Stemm is the cofounder of Odyssey Marine Exploration, which has also found the shipwrecks HMS *Sussex* and HMS *Victory*. He is a pioneer of wreck investigation using technology rather than divers. He aims to find treasure without putting his team in danger, possibly because, as a child, Stemm lost his grandfather in a marine accident and only just survived himself.

Sonar

Sonar technology uses sound waves to map and locate underwater objects. Sound waves are emitted into the water below a ship. These echo off the seabed or other objects and are picked up by receivers. The first sonar systems were developed during World War I (1914–1918) to detect enemy submarines. Modern systems use computers to create detailed maps of the seabed.

sound waves

seabed

RECLAIMING THE GOLD

These are gold coins from the SS *Republic*. The wreck was in international territory, so no government could claim the treasure as its own property.

Although the wreck seemed to be a paddle steamer from the right time period, the treasure hunters had to be sure. In the fall of 2003, they found a corroded ship's bell. They were able to make out part of the word "Tennessee," which was the original name of the *Republic*. Now, where was the treasure?

Finding the wreck was one thing, but reclaiming the treasure was another challenge. The wreck was found 100 miles (160 kilometers) off Savannah, Georgia, at a depth of 1,700 feet (500 meters). Then, on November 5, 2003, the Odyssey team discovered a coin poking out of the sand at the back of the ship. This was the first sign of an unbelievable treasure and many other priceless artifacts detailing the history of the time.

Estimates put the value of the 51,000 gold and silver coins found on the *Republic* at up to $180 million.

The *Republic's* cargo included a collection of more than 6,000 glass and stoneware bottles, which gave a fascinating picture of Civil War life. Their contents ranged from ink to medicines that promised to cure every known disease.

Robot recovery

The Zeus ROV that was used to excavate the wreck weighed around 7 tons and was the size of a tank. It needed to be big to fight the strong ocean currents and stay in position. Zeus could transmit video of the wreck and lift heavy objects, but it could also recover delicate artifacts and coins.

remote control

DISCOVERY
BALTIMORE, MD.

ROV

THE "UNSINKABLE" TITANIC

The RMS *Titanic* is probably the most famous shipwreck in history. In 1912, huge ocean liners were the only way for passengers to cross the oceans. The *Titanic* was supposed to be "practically unsinkable," with 16 watertight compartments inside its hull, meaning that it would still float even if up to four sections were damaged.

The majestic ship nearly collided with another ship as it left for its maiden voyage from Southampton, England, on April 10, 1912. Some passengers saw this as a sign of bad luck. After this close shave, the voyage went smoothly until the night of April 14.

On that night, despite receiving several warnings of icebergs in the area, the *Titanic* steamed on toward New York. Then, at 11:40 p.m., lookouts spotted a huge iceberg dead ahead. The crew was relieved when the iceberg just scraped the side of the *Titanic*. But as reports came in of water in several of the ship's compartments, Captain Edward Smith knew that the ship was facing disaster.

CAPTAIN EDWARD SMITH

Born: 1850

Died: 1912

Nationality: British

The captain of the *Titanic* died when the ship sank on April 15, 1912. Smith was the White Star Line's most experienced captain, and the *Titanic's* maiden voyage was supposed to be his last command before retiring.

"WE HAVE STRUCK ICEBERG. SINKING FAST. COME TO OUR ASSISTANCE."

DISTRESS SIGNAL FROM THE *TITANIC*

The *Titanic* was the biggest ship afloat when it was launched.

The story of the *Titanic* has been told in many movies.

The key to the locker containing binoculars for the lookouts was missing from the ship. With binoculars, the lookouts might have seen the iceberg earlier, and the disaster could have been prevented.

EVERY MAN FOR HIMSELF

The iceberg had ripped open six compartments of the *Titanic*'s hull. Captain Smith knew that there were only enough lifeboats to save around half the people on the ship. The crew was ordered to evacuate women and children first, and many of the lifeboats were only half full when launched. As the front of the ship began to sink lower in the water, the captain told the radio operators to leave their posts, saying, "It's every man for himself."

Less than three hours after the collision, the *Titanic* disappeared beneath the waves. Hundreds of people were left in the icy sea, but they could not survive for long in the extreme cold.

AFTERMATH

More than 1,500 people lost their lives in the *Titanic* disaster. It is still the world's worst peacetime shipping disaster. In the years that followed, shipping law was changed so that ships had to carry enough lifeboats for all their passengers.

The *Titanic* would lie undisturbed at the bottom of the Atlantic Ocean for more than 70 years. Although many people suggested plans to recover the wreck, no one knew exactly where the wreck was.

EVA HART

Born: 1905

Died: 1996

Nationality: British

Titanic survivor Eva Hart was just seven years old when she traveled on the *Titanic* with her parents.

"AFTER THAT [THE SOUND OF STEAM ESCAPING] CAME THE WORST SOUND OF THE WHOLE DISASTER, WHICH WAS THE SOUND OF PEOPLE DROWNING, AND THAT'S SOMETHING THAT NO ONE COULD HEAR AND EVER FORGET."

EVA HART, *TITANIC* SURVIVOR

BENEATH THE WAVES

In the 1970s, a young ocean scientist named Robert Ballard started to make plans to find the *Titanic*. First, he tried lowering sonar equipment down to the seabed, but what he really needed was a mobile submarine that could work in the extreme cold and high pressure of the deep ocean.

The wreck of the *Titanic* is surrounded by a large area of debris that tells investigators more about the ship and how it sank.

The wreck of the *Titanic* lay on the seabed at a depth of almost 2.5 miles (4 kilometers).

ROBERT BALLARD

Born: 1942

Nationality: American

Although he was born far away from the sea in Wichita, Kansas, Robert Ballard made his name as one of the greatest explorers of shipwrecks and the ocean floor.

Exploring with *Argo*

Argo was attached to a surface ship and was equipped with sonar, cameras, and lights for scanning the seabed and sending back images from the pitch-black ocean depths. When *Argo* found something, the Jason module could be launched from it. This was fitted with thrusters, so it could move around objects and explore in more detail.

In 1985, Ballard returned to search for the ship using *Argo*, an unmanned underwater vehicle he had designed himself. For weeks, Ballard and his team scanned the seabed with sonar and *Argo*'s camera. Their expedition was about to return home when, on September 1, 1985, they found a large round object. It was one of the *Titanic*'s huge boilers. They had found the world's most famous shipwreck.

EXPLORING THE *TITANIC*

In 1986, Ballard and his team explored the wreck in a manned submersible named *Alvin*. The depth of the ocean meant that most of the team's time was spent traveling to and from the wreck. Over several dives, they explored the two parts of the wreck and the debris that littered the ocean floor. They even managed to send an unmanned module into the ship itself, down the huge first-class staircase!

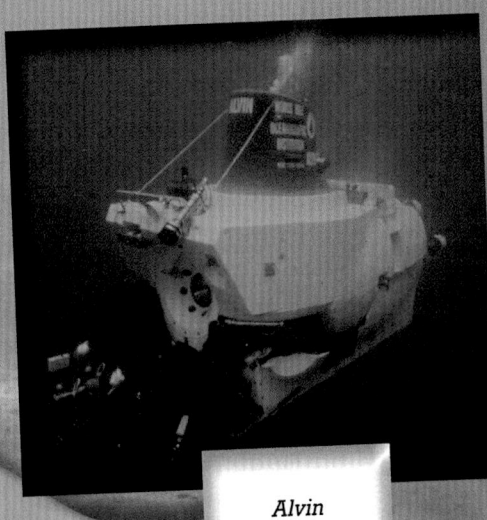

Alvin

SEARCHING FOR EVIDENCE

Since then, many expeditions have visited the wreck on the seabed. Scientists have found out much more about the fate of the *Titanic*. Evidence shows that rather than a single gash in the ship's side, the collision with the iceberg caused several small splits and damaged rivets holding the ship together.

In the 1950s, a plan suggested that the *Titanic* should be filled with ping-pong balls. Some people believed this would make it light enough to refloat, but the project would never have worked. In the deep ocean, ping-pong balls would have been crushed by the water pressure.

DAMAGING THE WRECK?

Each visit causes the ship to decay a bit more, as submersibles land on the wreck, disturb the water around it, and remove treasures. Experiments on the hull have found that the *Titanic* could have almost disappeared in another 100 years. Others disagree, arguing that we now have the technology to protect the ship for future generations to visit it on the ocean floor.

Some expeditions have recovered artifacts from the ship (such as this sink, above), and these have been sold at auction. Since 2012, 100 years after it sank, the ship has been protected by the International Convention on Underwater Cultural Heritage.

Exploring the *Titanic*

Titanic's bow

camera that photographs the shipwreck

Jason Jr. **ROV**
The *Jason Jr.* ROV can access areas of the wreck that *Alvin* cannot.

fiber optic cable

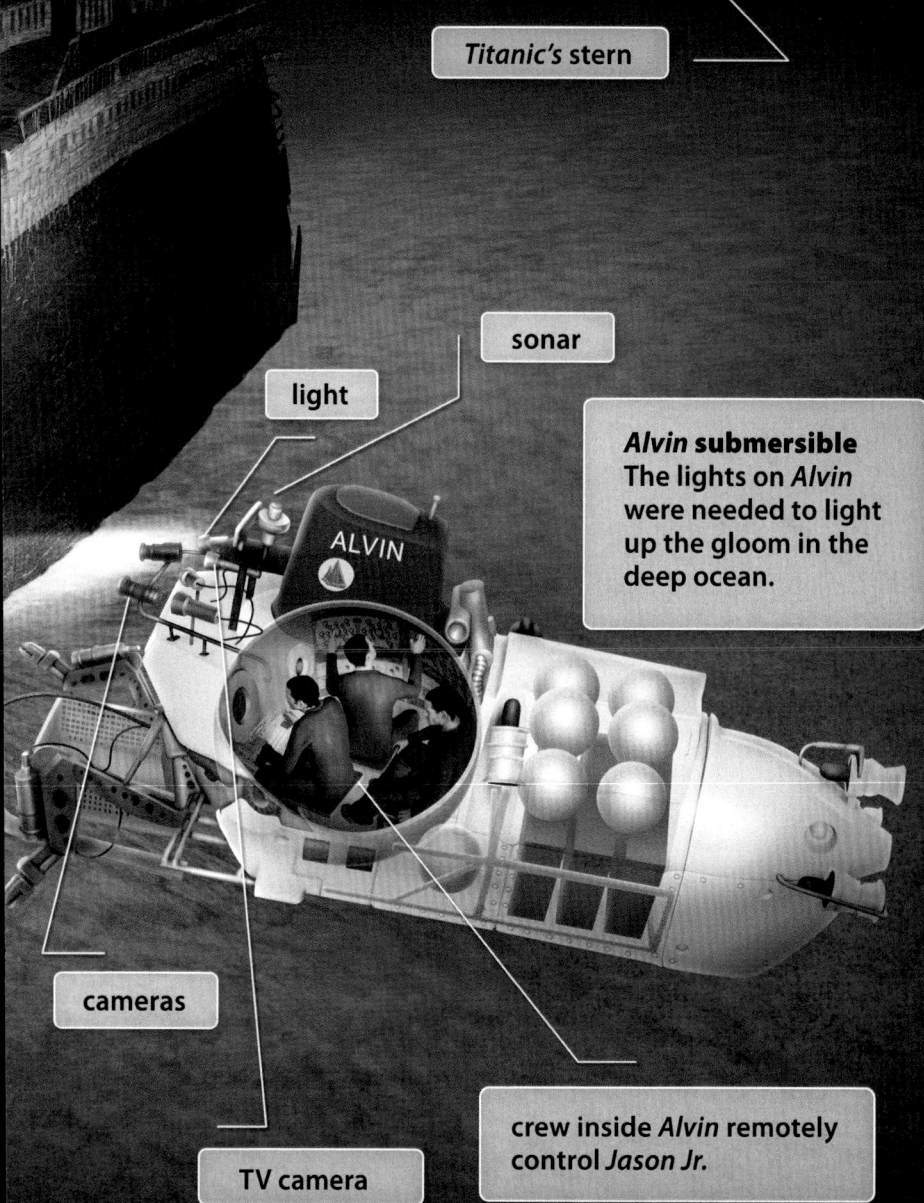

Titanic's stern

sonar

light

Alvin submersible
The lights on *Alvin* were needed to light up the gloom in the deep ocean.

cameras

TV camera

crew inside *Alvin* remotely control *Jason Jr.*

COULD YOU BE A MARITIME ARCHAEOLOGIST?

Some of the people who search for lost shipwrecks are maverick treasure hunters whose only interest is in finding gold and jewels that will make them rich. However, maritime archaeologists are attracted by shipwrecks because they help us learn about the past and because of the thrill of finding a wreck that has not been seen by anyone for hundreds of years.

Successful underwater archaeologists need lots of different skills. They need to be able to dive or use complex equipment to find wrecks beneath the ocean. If they need a reminder that the sea is a dangerous place to work, the wrecks themselves should serve as a warning.

To really understand historical shipwrecks, you need to learn about the history and archaeology of shipwrecks. Finding shipwrecks often means studying old maps and ships' documents. Most importantly, you must learn how to study a shipwreck without damaging it. If you can master all these skills, there may be a shipwreck out there waiting for you to discover it!

New shipwrecks are still being found. In 2011, a merchant ship from World War II (1939–1945) was discovered in the Atlantic Ocean with a cargo of more than 200 tons of silver. The ship was in an area of ocean even deeper than the *Titanic*, making it the deepest-ever treasure hunt.

Treasure technology

New technology has enabled treasure hunters to find shipwrecks in even the deepest oceans. Treasure can be salvaged without even diving to the wreck. Working with ROVs and computers has become an essential part of the treasure hunter's job.

TIMELINE

1545
The *Mary Rose* sinks when leaving harbor to do battle with a French fleet.

1622
Nuestra Señora de Atocha is wrecked in a storm while carrying cargo of silver and gold from the Americas to Spain.

1641
Merchant Royal is wrecked near Land's End in England, carrying one of the richest treasures of all time to the seabed.

1836
Diver John Deane discovers the wreck of the *Mary Rose* and salvages artifacts.

1865
The SS *Republic* sinks during a hurricane off the coast of Georgia.

1912
On April 14, the RMS *Titanic* hits an iceberg on its maiden voyage. The ship sinks in the early hours of April 15, claiming more than 1,500 lives.

1915
The ocean liner *Lusitania* is sunk by a German torpedo during World War I.

1942
Jacques-Yves Cousteau uses an Aqua-Lung for the first time and invents SCUBA diving.

1982
The *Mary Rose* is raised from the seabed on a giant floating crane. The ship is preserved in a specially built museum in Portsmouth, England.

1985
Robert Ballard's expedition finds the wreck of the *Titanic*.

Treasure hunter Mel Fisher and his team discover the main part of the treasure from *Nuestra Señora de Atocha*.

2001
The International Convention on Underwater Cultural Heritage agrees to protect shipwrecks from treasure hunters.

2003
Treasure hunters from Odyssey Marine Exploration discover the ship's bell that proves they have located the SS *Republic*.

GLOSSARY

Aqua-Lung tank containing compressed air that enables divers to breathe underwater

archaeologist person who studies the past by unearthing and examining historical remains

artifact anything made by humans, particularly something from the past

artillery large guns or cannon

Civil War in U.S. history, the conflict between two groups of states between 1861 and 1865 over the rights of 11 southern states to leave the union as well as the issue of slavery

colonial describing territory invaded or ruled over by another country—for example, as part of an empire. During the period 1584–1688, the eastern part of what is now the United States was ruled by Great Britain.

coral hard, rock-like, and often colorful substance made up of small marine mammals

corrode become damaged slowly by chemical action

debris wreckage or remains of something that has been destroyed or damaged

excavate dig up

fleet group of ships, such as a naval fleet going into battle

galleon large sailing ship, particularly used by the Spanish as warships and to transport treasure from the Americas

gun port opening in the side of a ship through which a cannon is fired

hurricane tropical storm with very strong swirling winds. In Asia, hurricanes are known as typhoons or cyclones.

ingot metal shaped into a bar so it can be stored or transported

knave old-fashioned word for a tricky person or villain

loot stolen goods

magnetometer piece of equipment that uses magnets to detect metals—for example, on the seabed

maiden voyage first official voyage taken by a ship

maverick outsider or independent person

ROV (remotely operated vehicle) unmanned vehicle that can be operated by remote control—for example, for exploring the deep ocean

salvage recover or repair, particularly relating to a sunken ship

SCUBA (self-contained underwater breathing apparatus) another word for Aqua-Lung

sonar using sound waves to detect or map something underwater

submersible vehicle that operates underwater

thruster type of engine that moves something by sending out a jet of air or water

torpedo missile fired from a submarine

wrecker person who lured ships onto the coast in order to loot them

FIND OUT MORE

BOOKS

Ballard, Robert. *Titanic: The Last Great Images*. Philadelphia: Running Press, 2008.

Ganeri, Anita. *The Sinking of the* Titanic *and Other Shipwrecks* (Incredible True Stories). New York: Rosen Central, 2012.

Platt, Richard, and Duncan Cameron. *Duncan Cameron's Shipwreck Detective*. New York: Dorling Kindersley, 2006.

Stewart, James. *Shipwrecks* (Amazing History). North Mankato, Minn.: Smart Apple Media, 2008.

WEB SITES

www.livescience.com/19633-6-deadliest-ocean-shipwrecks.html
This web site describes six of the deadliest shipwrecks of all time.

www.maryrose.org
Read the full story of the *Mary Rose* and the project to restore the ship.

odysseysvirtualmuseum.com/categories/SS-Republic
See artifacts from the SS *Republic* at this web site.

www.rmstitanic.net
Learn more about the *Titanic* at this web site.

www.shipwreck.net/ssrepublic.php
Find more information about the wreck and recovery of the SS *Republic*.

Places to visit

Mel Fisher Maritime Heritage Society and Museum
200 Greene Street
Key West, Florida 33040
www.melfisher.org
This museum has a large collection of artifacts related to the *Atocha* shipwreck as well as other shipwrecks from the same period.

National Museum of the U.S. Navy
Washington Navy Yard
805 Kidder Breese Street SE
Washington, D.C. 20374-5060
www.history.navy.mil/branches/org8-1.htm
The National Museum of the U.S. Navy has a large collection of artifacts and other items related to the history of ships in the United States.

Titanic Museum Attraction
3235 76 Country Boulevard and Highway 165
Branson, Missouri 65616
www.titanicbranson.com
This museum contains many artifacts from the *Titanic* as well as interactive features such as a replica of the ship's grand staircase. The museum is shaped like the *Titanic*!

There are regular exhibitions of artifacts from the *Titanic* at museums around the world. There are also many maritime museums containing amazing stories and artifacts from shipwrecks. Check to see what exhibitions are near where you live.

Topics for further research

- *Life on a warship in the 1500s*: Use what you have learned about the *Mary Rose* to find out more about life for sailors in the 1500s.

- *Restoring the past*: How do archaeologists go about restoring artifacts from ancient shipwrecks, and why are they so opposed to commercial treasure hunting?

- *Discover your own shipwreck*: This book has only explored a few of the thousands of shipwrecks around the world. Pick a shipwreck of your own to find out more about.

INDEX

Alvin 38, 41
Aqua-Lungs 21, 44
Argo 37
artifacts 14, 15, 31, 39
Aztec civilization 16

Ballard, Robert 36, 37, 38

cannons 6, 11, 12, 14, 19, 21
Carew, George 11
cargoes 4, 5, 7, 17, 24, 27, 31, 42
causes of shipwrecks 6
Civil War 25, 27
coins 5, 24, 27, 30
collisions 6
coral reefs 18
Cortés, Hernán 16
Cousteau, Jacques-Yves 21, 44

Deane, John 12
drowning 6, 9, 35

Fisher, Mel 20, 21, 23

galleons 17, 18, 19, 20
glassware 31
gold 4, 5, 16, 17, 22, 27, 30
gun ports 9, 10, 11

Hart, Eva 35
Henry VIII, King 8, 11
HMS *Sussex* 29
HMS *Victory* 29
hurricanes 16, 18, 24, 26

icebergs 32, 34
Inca civilization 16
ingots 5, 17, 20, 22
International Convention on Underwater Cultural Heritage 23, 39, 44

Jason 37, 40
jewels 17, 22

lifeboats 34, 35
Lusitania 6, 44

magnetometers 28
maiden voyage 32
maritime archaeologists 5, 14, 42
Mary Rose 5, 8–15, 44, 47
Mathewson, R. Duncan 22
McKee, Alexander 12, 14
Merchant Royal 4–5, 6, 44
museums 47

navigation 17
Nichols, Colonel William 24, 25, 26
Nuestra Señora de Atocha 16, 17, 18–23, 44

ocean liners 6, 32–41
Odyssey Marine Exploration 28, 29

paddle steamer 24–31
pirates 16, 17
pond snails 15

ROVs (remotely operated vehicles) 28, 31, 37, 38, 40

salvage 12, 19
SCUBA diving 21, 44
silver 4, 5, 16, 17, 20, 22, 27, 30, 42
skeletons 14
slaves 18
Smith, Captain Edward 32, 34
sonar 12, 28, 29, 36, 37, 38
SS *Republic* 24–31, 44
Stemm, Greg 29
stoneware 31
storms 6, 16, 18, 24, 26
submarines 6, 7, 28, 31, 37, 38, 40, 43
submersibles 38, 39, 41, 43
survivors 18, 24, 26, 3
swimming 8

Titanic 32–41, 44, 47
torpedoes 6
treasure hunters 5, 20–23, 28–31, 42
treasure ships 16–19

value of cargoes 22, 30

warfare 6, 8–9, 27, 29
wreckers 7

Zeus ROV 31

TOUT IRA BIEN

Kéthévane Davrichewy

TOUT IRA BIEN

roman

arléa

16, rue de l'Odéon, 75006 Paris

www.arlea.fr

Collection « 1er mille »
– Dirigée par Catherine Guillebaud –

ISBN 2-86959-670-7
© Septembre 2004 – Arléa

Pour Thomas

*Voilà que soudain on y pense
à ceux qui n'en sont pas revenus.*

Barbara, *Le Mal de vivre*

1

Ils me mettent dans un train. Ma mère et celui que j'appelle mon père. Comme un paquet mis à la consigne. Le temps s'est arrêté.

Ma mère pose un pull sur mes épaules. Je grelotte. Je suis transi. Dehors et dedans. Elle tend la valise à un homme. Ils me font monter dans le wagon. Elle lâche mon bras. L'homme me soutient. Je flanche. Je m'écraserais à leurs pieds. Ma mère crierait. Son visage grimacerait.

Je suis debout. Elle se tient sur le quai. Impassible. Immobile. Le pull glisse sur mon dos.

Se pencher. Le ramasser. Le sol vacille. L'homme m'entraîne, m'assoit. Ma mère ne fait pas un geste. Le froid est intense. La sueur coule sur ma nuque. Le long des omoplates. Mes lèvres sont sèches. Elles brûlent. J'appuie mon front sur la vitre. Elle s'éloigne. Il la tient par la taille. Elle a une démarche de grosse femme. Je tremble. De plus en plus fort. Je m'entends geindre comme un animal. Les regards se tournent vers moi. Ils s'effacent. Je m'évanouis.

L'homme se penche. Les phrases résonnent à mon oreille. Ne m'atteignent pas.

Ma chemise est trempée. L'homme me traîne jusqu'aux toilettes. Il referme la porte sur moi. Mes mains tâtonnent, trouvent l'ouverture de ma braguette. Je fais glisser mon pantalon. Mon slip. Je prends ce qu'il faut. Mes gestes redeviennent précis. Seringue, aiguille, cuillère, briquet, seringue. Dans la chair. Dans les os. Je ne bouge plus.

Assis sur le siège. Je pense à Antoine. On était deux.

L'homme ouvre la porte, me ramène à ma place. Je sens son souffle tiède contre mon oreille : « Je suis Pierre. À partir d'aujourd'hui je ne te lâche plus. » Son haleine empeste. Je le repousse. Je revois Antoine, allongé sous le lavabo. Où est-il ?

Pierre ajoute :

– C'était la dernière fois.

Je fixe la fenêtre. La campagne file. Les arbres. Les vaches. Les chevaux. Sur la toile mouvante du ciel.

J'ai dix-sept ans.

2

Je courais. Très vite. Chaque jour. Jusqu'à la balançoire. Je prenais mon élan. Je m'élançais haut dans le ciel. Des heures entières.

J'ai eu douze ans. J'ai couru. Quelqu'un se balançait.

Je me suis jeté à plat ventre derrière le buisson. Je n'ai pas relevé la tête. L'ombre de la balançoire m'a effleuré, et puis celle d'une silhouette frêle qui se penchait d'avant en arrière. Le mouvement a cessé. J'ai entendu un bruit sourd. Des chaussures rouges à lacets ont atterri devant moi. Des jambes comme deux maigres bouts de bois semblaient flotter dans un short en toile beige. Je me suis redressé. J'ai croisé un regard noir. Dans une auréole de cheveux blonds, bouclés. Elle a dit d'une voix anormalement grave :

– On fait un concours ? Celui qui saute le plus loin.

Elle est repartie vers la balançoire. Elle l'a immobilisée :

– Tu commences ?

Je me suis relevé. J'ai marché maladroitement vers elle. Elle ne m'a pas quitté des yeux. Je me suis assis sur le siège entre les deux cordes usées. Elle l'a soulevé et entraîné loin derrière pour me donner de l'élan. Je me suis lancé. Plusieurs fois. J'ai sauté. Je suis tombé au mauvais endroit. Sur la pierre. J'ai serré les dents. Elle a planté un bâton dans le sol pour marquer mon score. Elle a sauté plus loin. J'ai marqué son score. La quatrième fois, je l'ai rattrapée. On est remonté et redescendu. Je ne sais pas combien de temps.

Je reprenais mon souffle. Je me concentrais pour ne pas transpirer. Le soleil était bas derrière les arbres. Elle s'est allongée dans l'herbe. Elle a posé sa tête entre ses mains. Elle a dit :

– Je m'appelle Lou et je ne connais pas de garçon.

Le lendemain, elles étaient six à enchaîner les concours de sauts. Lou ne m'a pas regardé. Des enfants plus petits attendaient la balançoire. Ils fixaient les filles sans oser dire un mot. Aucune d'elles ne s'en préoccupait. Pimbêches, elles sautaient à pieds joints l'une après l'autre. Elles portaient la même coiffure. Les cheveux noués en tresses retenues par des rubans bleus. J'ai pensé : « Qu'est-ce qu'on attend plantés comme ça, reprenons la balançoire. » Je n'ai pas desserré les lèvres. Elles en ont eu assez. L'une d'elles a donné le signal. Elles se sont éloignées sans un regard.

Quelques heures plus tard, elles étaient à la fête foraine devant l'église. Elles se déplaçaient comme une seule et même personne. Avec un air un peu distant. Supérieur. J'observais Lou. Quelques mèches s'échappaient de ses nattes.

– Recommence, t'as peut-être une chance, m'a dit le type qui tenait le stand de tir.

J'avais puisé dans mes économies pour tirer à la carabine sur des personnages de western. Tout ça pour un des lots à gagner. Une photo de Marilyn. Sans doute ma préférée. Elle porte un pull en laine sur des collants noirs. J'ai détourné mes yeux de Lou. Encore trois parties et j'atteignais mon but. Ma détermination amusait le forain. Je le sentais flancher. Je m'accommodais du ridicule. Il a demandé :

— Ça t'est venu comment cette passion pour Marilyn ? Remarque, je te comprends, elle était drôlement bien roulée.

J'aurais préféré le silence. Mais j'ai fait un effort. J'ai répondu :

— J'ai vu un film : *Certains l'aiment chaud...*

— Et tu es tombé amoureux..., a dit la femme du forain.

Les filles se tenaient derrière moi. J'ai tendu la main vers la carabine. L'une d'elles a été plus rapide.

— Je peux essayer ?

Mon cœur s'est mis à battre au rythme effréné de leurs tirs successifs. Elles ont gagné. Le forain et sa femme m'ont oublié. Marilyn a disparu dans un sac à dos.

Je me suis assis sur le muret derrière l'église. J'ai sorti de ma poche le carnet à croquis. J'ai retrouvé mon souffle. J'ai dessiné. Ma main courait sur le papier, traçait des lignes. Je m'envolais avec elles. Les lignes formaient des images. Les images prolongeaient ce que j'avais dans la tête. Parfois elles me surprenaient. Elles s'animaient sous mes yeux. Mes vies secrètes. Le crayon a ébauché la silhouette de Marilyn. Le pull en laine. Le mouvement des bras. J'essayais de garder les yeux grands ouverts. Surtout ne pas cligner. Une larme s'est écrasée sur la feuille. J'ai retenu les autres.

J'ai senti une présence par-dessus mon épaule. J'avais l'habitude. On se penchait souvent, on s'exclamait quand je refermais brusquement mon carnet. La voix rauque a dit :

– Elle est belle ta Marilyn.

Je n'ai pas refermé le carnet. J'ai tourné la page. La suivante était blanche. Lou a ajouté :

– Ma cousine va vite oublier cette photo. Si tu veux, je te l'apporterai demain à la balançoire.

– Je me fous de cette photo. J'ai dit.

Il y a eu un silence. J'étais à nouveau seul. Puis elle s'est ravisée. Elle est revenue vers moi. Elle s'est assise sur la pierre et a dit :

– J'ai un livre de portraits avec Marilyn.

Elle s'est tue. Elle a balancé ses jambes dans le vide. Elle portait les chaussures rouges à lacets. J'ai repris mes crayons. Je les ai dessinées. Elle a eu un rire encore plus sourd que sa voix. Quelqu'un a crié son prénom. Les autres la cherchaient. Avant qu'elle ne disparaisse, j'ai dit :

— Je m'appelle Abel et je ne connais pas de fille.

3

Une voiture nous attend à la gare. Je suis soumis.

Les paroles de Pierre commencent à entrer dans ma tête. Les mêmes depuis les toilettes du train. Apprendre la confiance. On va s'occuper de moi. Lui aussi est passé par là. Il sait de quoi il parle. Les mots s'entrechoquent dans ma tête.

Je crie :

– Te fatigue pas pour moi.

Il dit :

– On fait tous les malins en arrivant, mais tu n'as encore rien compris. Un ton en dessous, petit con.

« *Je l'emmerde. Qui est-il pour me parler comme ça ? J'emmerde le monde entier. On ne peut pas m'atteindre. Je ne ressens plus rien. Je vais en crever. Je veux en crever.* »

Je préfère le silence.

On monte dans la voiture avec chauffeur. On roule. Longtemps. Mon estomac chavire à chaque virage. Pierre ne cesse de parler. La confiance. Je dois avoir confiance. Je l'interromps :

— J'avais un ami, Antoine. Il est où ?

— Tu es tout seul maintenant.

Je saisis le siège avant. Je le secoue. Je hurle :

— Répondez à ma question. Où est Antoine ?

La voiture fait une embardée, s'arrête brusquement. Ils me frappent. Une joue, puis l'autre. Ma mâchoire se décroche. Ils me collent contre le siège arrière. Pierre me tient les bras. L'autre reprend le volant.

Je cherche à me dégager. J'y pense.

— N'y pense pas, me dit-il, j'ai tout pris. C'était le dernier, je t'ai prévenu.

Je commence à comprendre.

On arrive à l'Arche. C'est son nom. Un grand domaine pour sauver les âmes. Je n'en distingue pas les contours. Les tremblements reviennent. Je vois flou. Ma tête tourne, la terre autour.

Ils sont des dizaines. Des femmes, des hommes. Ils approchent. J'ai chaud. Ils me souhaitent la bienvenue. « Est-ce qu'on est au club Med ? »

J'ai envie de rire. Je grimace simplement entre mes dents douloureuses. Mes joues endolories. Je transpire. Je vibre.

Pierre me pousse en avant, parmi la foule. Puis dans une grande pièce humide. On me retire ma veste. Je crispe les doigts sur mes coudes.

— On doit te fouiller, dit Pierre.

J'articule entre deux claquements de dents.

— J'ai plus rien, tu as tout pris.

— On vous connaît, dit une voix anonyme ; vous en cachez n'importe où. Fous-toi à poil.

Ils tirent sur ma chemise. Ils arrachent mes vêtements un à un. Ils baissent mon slip. Je suis nu. Je grelotte. Ils me font lever les bras. Ils soulèvent ma bite. Ils tournent autour de moi. Ils écartent mes fesses, enfoncent profondément un doigt. Je pousse un gémissement de douleur. Ils me laissent tomber sur le sol.

— Tu peux te rhabiller, dit Pierre.

Je suis agité de tremblements. Un cri résonne tout près. Je pose mes mains sur mes oreilles. Mes propres sanglots transpercent mes tympans.

J'ai mal. On m'allonge, je crois. J'ai des crampes. Des nausées. Je ressens chaque os de mon squelette. Chaque petit bout de chair. Je suis une bête. Je vomis. J'ai la diarrhée. Je pisse.

Ils me font boire des tisanes. Je ne peux pas dormir. Je ne peux pas garder les yeux ouverts.

– C'est une guerre à gagner, dit Pierre. Je suis passé par là.

« *Enfoiré, si tu sais ce que c'est, donne-moi ce qu'il faut.* »

J'ai des crises de convulsions. Il me plonge dans un bain bouillant. Je me mords la langue. Je crache du sang. Il glisse un bâton entre mes lèvres. Je réclame. Qu'il m'en donne !

– Tu as eu ce qu'il faut, dit-il.

Un substitut. Pour ne pas crever.

« *Laissez-moi crever.* »

Les doses diminuent. Je vois des serpents. Ils me dévorent. Je suis ravagé par la douleur. Je hurle. Je me vide de mes tripes. De mes boyaux. De mes organes. Je me décompose.

Je me désintègre. Ils ne connaissent pas la pitié.

Je reste quinze jours en salle de sevrage.

4

À douze ans, je ne connaissais pas de fille.

Lou a tenu parole. Elle est venue seule. Avec la photo de Marilyn et un grand livre. On s'est assis dans l'herbe. On a tourné les pages sur lesquelles posaient les stars des années 50. Elle a dit :

– Plus tard, je serai danseuse. Je prends des cours toute la semaine. C'est très dur. Toi, tu seras peintre.

Je n'y avais jamais pensé. J'ai voulu lui montrer mes dessins. On s'est levés. On a couru jusqu'à chez moi.

Elle a regardé la maison :

– C'est une belle maison.

J'ai dit :

– Ma mère a de l'ambition, elle travaille beaucoup. Elle a trouvé un mari qui dirige une entreprise.

– Une entreprise de quoi ?

– Ils vendent et installent des autoradios. C'est fou le nombre de gens qui veulent de la musique dans leur voiture.

Je pensais : « *Tais-toi, tu l'ennuies.* » Je continuais :

– Il veut que son fils, enfin mon petit frère, reprenne son entreprise. Pour ça, il faut qu'il travaille à l'école. Tu ne peux pas savoir comme il l'emmerde ! Il n'a que six ans et il doit être premier partout.

Elle a demandé :

– Et toi, l'école ?

– Avec moi, ils ont renoncé. Je ne fais rien ; je suis comme mon père, il paraît.

Elle a dit :

– C'est un artiste ton père ? Où il est ?

Ma mère est arrivée avec les courses. Elle a appelé pour que je vienne l'aider à décharger. Mon frère s'est défilé comme d'habitude. Ma mère m'a mis les surgelés dans les bras. Il fallait faire vite pour ne pas qu'ils décongèlent. Elle a passé sa main sur mes cheveux comme pour s'excuser. Elle avait souvent ce geste. Je l'évitais.

Quand j'étais petit, je la retenais. Je me laissais aller contre sa poitrine. J'attrapais une de ses mèches. Je l'entortillais autour de mon doigt.

Elle a remarqué Lou. Elles ont échangé quelques mots que je n'ai pas saisis. J'étais concentré sur les surgelés. Jean est arrivé.

– C'est mon mari, a dit ma mère.

Dans ma chambre, j'ai chuchoté :

– Ils ne sont pas mariés. Elle ne peut pas divorcer de mon père.

Lou a répété :

– Où il est ton père ?

– Je ne sais pas. Il a disparu quand j'étais petit.

– Et depuis, tu l'as revu ?

– Non.

– Et ta mère ?

– Elle a Jean.

– Mais tu sais où il est ton père ?

– Ça changerait quoi de le savoir ?

– Tu n'as jamais eu envie de le retrouver ?

J'en ai eu assez de ses questions. Elle a dû le comprendre. Elle s'est plongée dans la contemplation des murs tapissés par les posters de Marilyn.

J'ai détourné son attention. J'ai sorti mes dessins de leurs cartons. Elle s'est allongée sur le plancher. Je regardais ses jambes étrangement fines et musclées à la fois. Elle a observé chaque dessin attentivement comme si ça l'intéressait vraiment. Ses boucles ont effleuré le papier, puis mes mains. Je ne savais plus où poser les yeux.

5

Sevré, je ne suis plus rien. Juste une carcasse à la dérive. J'expie en enfer. J'expie quoi ? Quelles erreurs ? Quelles fautes ?

Je n'ai plus d'âme. Les secondes s'écoulent, misérables. Incolores. Infinies. Je sombre.

Dans une longue et profonde dépression.

Lever à six heures du matin. Tisane infecte. Jardinage. Bricolage. Menuiserie. Maçonnerie.

Je scie, je creuse, je tape, je soulève, je repose. Je tombe, je me relève. Je flanche, je prends un coup. Fatigue corporelle, c'est le remède. Quel corps ?

Je lave, je nettoie, j'astique. Je mange, je m'allonge. Je ne dors pas. Je hurle. Je sors, je marche. Un tour de parc. Deux tours. Trois tours.

— Tu en veux encore ? dit Pierre.

Je me recouche. Je serre les dents. Je ne crie pas. Je ferme les yeux. Je fais comme si. Jusqu'à l'aube. Puis je recommence.

Une seule et même journée de purgatoire.

Pierre est là. Ombre indélébile. Sur mes pas. Nuit et jour. Unique trace de mon existence. Je n'ai plus de pensée. Ou une seule. Obsédante. Comment en reprendre ?

— Tu vas mieux, dit-il.

Cette constatation m'autorise à distribuer : les plats pendant les repas, les outils avant les travaux. Premier contact avec autrui. Je dis :

— Ce n'est pas un centre de désintoxication ici. C'est le bagne.

Je crie :

— Il y a des gosses parmi vous. Vous réalisez ce qu'ils nous font. Vous êtes exploités, torturés, assassinés, anéantis. Réagissez...

Pierre me colle une gifle. Je lui plante un ongle dans la joue. Je repousse ma chaise. Je saute à pieds joints. Je gonfle mes poumons.

— Allez, un sursaut de révolte : rendez les coups.

Les sièges se déplacent avec fracas. Ça remue, ça braille.

Je suis vivant. Je le sens dans mes veines.

Je prends la cadence. Je frappe dans mes mains. Plus fort. Je garde la cadence.

Ils me clouent au sol. Je ne vois plus rien. Une main me bâillonne. Elle pue. Je prends des coups de pieds. Les hurlements remontent jusqu'à ma gorge, m'étranglent. Je manque d'air. La main appuie plus fort sur ma bouche. J'ai envie de vomir. La main se décolle. Je saigne du nez. Je vomis.

On me jette sur un lit de fer dans une pièce sans fenêtre. Ils ferment la porte. J'ai le ventre, les couilles en bouillie. Je ne sens plus ma bite. Je la cherche à tâtons. Je peux à peine bouger. Je suis attaché au lit.

Il n'y a personne. Il fait noir. L'odeur du sang et du vomi me révulse. Je voudrais crier. J'émets quelques râles inaudibles. Je pense au chien du voisin. Il hurlait à la mort. Ma mère appelait la SPA. J'extirpe des sons stridents. De plus en plus stridents. Je me fais peur. Je voudrais être mort.

6

J'avais une fille dans ma vie. Elle délaissait ses cousines. Elle courait jusque chez moi. On regardait la télé. On jouait sur l'ordinateur. Je dessinais sous le tilleul. Elle dansait.

Je regardais son corps qui se déplaçait du tilleul à la maison, de la maison au tilleul. Je le regardais qui se tendait vers le ciel. Je regardais le ciel. Je regardais les branches du tilleul. Je regardais les bras de Lou dans le ciel bleu, je regardais les jambes de Lou sur l'herbe verte. Sa silhouette sur fond bleu et vert. J'en traçais les contours. Qu'ils durent, qu'ils s'immobilisent. J'en traçais les contours comme on récite une prière. Mais les heures l'emportaient. Elle quittait la maison en levant la main. Un ultime geste.

J'allais aussi chez elle. Une grande famille dans une petite maison. Pour le week-end et les vacances. Le reste du temps, ils étaient ailleurs. J'attendais.

– Tu devrais prendre des cours pour te perfectionner, a dit l'une de ses cousines.

– Pour quoi faire ? Je dessine pour le plaisir.

– Justement. Comme ça tu pourras en faire ton métier, être illustrateur, architecte, décorateur, je ne sais pas moi. Tu n'as pas l'air de te rendre compte. C'est une chance ce don.

J'en ai parlé à ma mère. Elle a dit :

– Je ne crois pas que tu aies besoin de cours de dessin. Mais je te payerai avec plaisir des cours de soutien pour passer dans la classe supérieure. Penses-y.

Je n'avais rien à espérer du côté de ma mère. Les filles ont proposé de me rapporter des livres sur les techniques de dessin et de peinture. Lou a haussé les épaules :

– Après tout, de quoi on se mêle, elle a peut-être raison, sa mère.

Son visage était écarlate. Elle a détourné les yeux. Je suis rentré chez moi.

J'ai fixé la route devant ma chambre, très longtemps. Elle n'est pas venue, ni cette après-midi-là, ni le lendemain.

Je me suis dit : « *C'est arrivé ; elle ne viendra plus.* » Puis : « *Bouge, va la chercher, trouve un truc qui lui plaira.* »

Je ne trouvais pas. Je restais prostré.

Trois semaines plus tard, je l'ai entendue entrer chez nous. J'étais allongé sur mon lit. Elle n'a pas frappé. Elle a claqué la porte et a dit :

– Je vais te montrer quelque chose. Tu promets de ne pas rire ?

J'avais la gorge murée par trop de larmes. Elle a mis un CD. Elle s'est mise à bouger. Son corps frêle et gracieux a envahi tout l'espace. C'était indécent.

Je me suis recroquevillé dans un coin du lit. Pour ne pas voir ce qu'elle montrait. Mes yeux suivaient le sillage de ses gestes malgré moi. J'ai enserré mes genoux dans mes bras pour les empêcher de trembler. Elle a repris son souffle et s'est assise à côté de moi. J'ai voulu me lever. Elle m'en a empêché.

– C'est une chorégraphie que j'ai inventée. Qu'est-ce que tu en dis ?

J'ai réussi à articuler :

– Ce n'est pas nouveau que tu danses bien.

Elle a dit :

– Tu n'as même pas l'air content de me voir ?

La colère m'a remis d'aplomb.

– À quoi tu joues ? Qu'est-ce qui t'a pris de disparaître comme ça ?

Elle s'est levée et a passé sa main lisse sur ma commode. Elle a ouvert un tiroir en esquissant quelques figures. J'ai voulu le refermer. Elle a intercepté mon geste en disant :

– Je ne veux plus que tu parles à mes cousines. Jamais.

Elle m'a lâché et a refermé le tiroir brutalement.

7

Parfois la vie donne, puis elle reprend. Mais tout ça a un sens. C'est ce que croit ma mère. Aujourd'hui, avec un fils maudit, je ne sais quel sens elle donne à sa vie.

Je ne dis plus rien. Je suis le mouvement. Je trime. Rentré dans le rang. Ils m'ont eu. Au moins, ils ne me touchent plus.

Je récupère mon corps, membre par membre, organe par organe. Après la douche, je me plante nu devant la glace. Le reflet de Pierre à côté de moi s'impatiente. Je me retourne.

– Deux minutes d'intimité, je peux ?

Il ironise :

– C'est vrai que t'es beau à voir.

Il s'assoit plus loin. Je regarde mes pieds, mes jambes, ma queue, mon torse. Trop maigre. Les épaules se maintiennent. Pointues mais carrées. J'ai des bleus partout.

Je suis pâle. Mes cheveux n'ont pas de couleur. Je cherche mes yeux perdus au fond de leurs orbites. Où suis-je. Qui suis-je ? Je ricane, je fais peur. Pierre me lance mes vêtements.

– C'est fini ton numéro ?

Je demande :

– T'en as pas marre de ce sale boulot ? Coller aux basques des morts vivants, c'est quoi ? Un destin ? Une vocation ?

Il se tait. Il avance. Je suis sur ses talons.

– Et ta queue ? Tu y penses, parfois, à ta queue ? Tu prends le temps de t'en occuper ? C'est peut-être la prochaine étape : on va baiser toi et moi. C'est comme ça que tu te fais payer ? Hein ? Dis, c'est comme ça que tu fais payer ?

Je m'arrête. Lui non. Il dit :

– T'es mûr pour la réunion.

Thérapie de groupe. Une fois par jour. On est une vingtaine, assis en cercle, ambiance *peace and love*. On est là pour échanger.

Ils échangent. Je regarde une branche d'arbre esseulée devant la vitre. La voix de Pierre résonne dans la pièce :

— Abel est nouveau. Physiquement, il se rétablit. Pour le reste, je lui laisse la parole.

Les regards se tournent vers moi. Je les évite. Je repère deux pieds nus. Je relève la tête. Les yeux, fixés sur moi, sont comme deux fentes entre les cils. Les cheveux, longs, comme de la paille. La fille les repousse sur ses épaules et fait la moue. Le silence s'installe. Personne ne m'aide. Je tousse.

— Je n'ai rien à dire.

— C'est ce qu'on croit au début, répond un vieux. Mais c'est en parlant que tu sauras ce que tu as à dire. Pour commencer, sais-tu pourquoi tu es ici ?

Son discours est bien rodé. Je cède :

— J'ai braqué l'entreprise de mon beau-père. J'ai vendu tout ce qu'il y avait chez moi pour la dope. Ma mère avait le choix, la désintox ou les flics. Elle a choisi.

La fille mâchouille du chewing-gum, elle me dévisage avec un air d'ennui profond. Elle frotte ses pieds l'un contre l'autre. Je bande. Ça me remplit d'une joie écœurante.

— Qu'est-ce que tu penses aujourd'hui de la décision que ta mère a prise ?

« *J'ai offert à ma mère une solution en or ; une qu'elle n'aurait jamais osé inventer. Pris en main, le fils déjanté, le marginal. Finies la culpabilité, les angoisses, les questions sans réponses. La drogue lui a donné l'absolution. Elle a trouvé une bonne et vraie raison de m'envoyer chez les fous.* »

Je dis :

– C'était peut-être la bonne décision.

Je croise le regard narquois de Pierre. Je le soutiens. Lui aussi.

« *C'est quoi, l'avenir, après la dope ? Devenir comme toi ? Un saint esprit prêt à frapper son prochain ? Un sauveur de l'humanité, la haine dans une main, l'amour dans l'autre ? J'ai choisi. Ma vie, ma mort. Je vais en crever.* »

La psychologie de groupe s'éternise. Je joue le jeu. Ça se termine. Enfin.

La fille aux pieds nus traîne devant moi dans le couloir. Elle a un beau cul. Elle se dirige vers les toilettes, me jette un regard avant de refermer la porte. Pierre consulte le programme de la semaine. Je ne suis pas dupe. Il me laisse disparaître à mon tour.

La fille m'attend. Elle me plaque contre le lavabo. Elle met sa langue dans ma bouche. Elle se presse contre moi. J'ai le dos laminé par le robinet. Je prends ses seins entre mes mains. Elle ouvre ma braguette, s'accroupit, lèche ma bite. Elle se redresse, se retourne, relève sa jupe. Je me frotte contre ses fesses. Dans le miroir, mes yeux ont l'air de jaillir de leurs orbites. Je ne bande pas. Elle me repousse doucement :

– T'en fais pas, ça leur arrive à tous. C'est rien, ça reviendra.

J'ai envie de la frapper. Elle se lave les mains. Je sors sans dire un mot.

Pierre est au même endroit. Il me guette. Je murmure :

– C'est ce que tu voulais, enfoiré !

Il ne fait pas un geste. On regagne le dortoir.

Dans la nuit, je compte les respirations, les gémissements. Je siffle fort pour ne plus les entendre. Pierre proteste à côté de moi. Je lui demande :

– Tu étais dans le même état que moi quand tu es arrivé ?

Il tarde à répondre :

– Pire. J'étais bien pire, dit-il.

– Ça fait combien de temps ?

– Dix ans.

– Pourquoi tu es resté ?

– Ferme-la. Dors.

8

Ma mère restait un moment pour me souhaiter bonne nuit. Elle s'asseyait au bord du lit. Elle se penchait pour m'embrasser et disait : « Fais de beaux rêves. »

Un soir, elle a dit :

— Tu as treize ans et je me fais du souci. Tu es si solitaire. Ce n'est pas normal à ton âge. On dirait que les autres ne t'intéressent pas. Je ne sais pas quoi faire.

J'ai répondu :

— Tu n'as rien à faire. Je n'ai pas de mauvaises notes.

— Je ne parle pas de ça.

— J'ai Lou.

Elle a soupiré :

— Lou ne vient pas souvent. Et elle ne sera pas toujours là, les filles grandissent plus vite que les garçons.

Qu'est-ce qu'elle essayait de me dire ? L'amitié, c'est rare. Et quand tu l'as trouvée, ça dure. La vie entière. Je n'avais besoin de personne d'autre.

Elle a effleuré mon front. Elle avait envie d'être rassurée. Je me suis détourné et j'ai dit :

— Je vais bien, maman.

Elle a posé ses lèvres contre ma tempe.

— Quand tu étais petit, tu réclamais toujours plus de câlins. Tu étais insatiable.

J'étais grand maintenant. Elle avait mon frère. Elle a éteint la lampe. Elle a murmuré :

— Je veux que tu sois heureux. Ne gâche pas ta vie.

Je me suis dit qu'elle pensait à mon père. Pourquoi elle n'en parlait jamais ? J'aurais voulu la retenir. La question est restée scellée au bord de mes lèvres.

Lou dansait. Au fond du jardin. On avait aménagé l'atelier. Jean avait laissé faire. Puis il avait fabriqué une estrade en bois. Je faisais les décors, je traçais des courbes et des lignes sur des cartons aussi grands que Lou. Je créais pour elle des costumes avec des bouts de paréos, du papier crépon. J'étais son seul public. Le spectacle était interdit à mon frère et à ses amis. Je devinais leurs regards derrière les lattes de bois. Je ne disais rien. Elle se mettait en scène. Je donnais mon avis, elle obéissait. Je ne voyais plus ses cousines. Juste ses parents quand ils venaient la chercher et discutaient un peu avec les miens.

Elle a tendu un drap sur une corde, derrière l'estrade. Elle s'est cachée pour se changer. J'essayais de la deviner à travers le tissu. Je pensais : « *Lou, si on s'embrassait ?* » Elle a dit :

— Tu sais, ça y est, je sors avec un garçon.

J'ai voulu prendre appui sur une chaise, ma main a rencontré le vide.

— Il est dans ma classe ; il est beau ; il a demandé à ma copine si je voulais sortir avec lui. Et il m'a attendu à la sortie de l'école. Il m'a embrassé comme ça, sans rien me dire. Un vrai baiser avec la langue.

Ses mots formaient un nœud au fond de ma bouche.

— On se voit tous les jours, c'est pratique.

« *Pratique !* »

— Toi, tu me le diras quand tu sortiras avec quelqu'un ?

J'ai menti :

— Oh, moi, je suis déjà sorti avec deux filles. Je ne t'ai rien dit parce que je m'en foutais.

Ma voix commençait à muer. Je ne

maîtrisais pas ses intonations parfois trop aiguës. Elle s'est levée d'un bond avec une expression que je n'ai pas su lire. On n'en a plus parlé.

J'ai demandé à ma mère :

— Mon père, comment il t'a embrassé la première fois ?

Elle a lâché l'épluche-légumes. Elle a rassemblé vivement les épluchures avec les mains. Elle n'a pas relevé la tête. Elle a chuchoté :

— On ne se souvient pas de ce genre de choses.

— Tu ne l'aimais pas, alors ?

Elle a eu un petit sourire incertain.

— Qu'est-ce qu'il te prend ? À quoi ça sert d'en parler ?

— Où est-ce qu'il est ? Je voudrais le voir.

Je ne pensais pas dire ça. Elle a posé ses yeux sur moi. Comme si elle ne me voyait pas.

— Je te l'ai dit. Il ne peut pas. C'est une décision qu'on a prise ensemble quand tu es né. Et puis tu as Jean, c'est tout ce qui compte aujourd'hui...

— Et moi dans tout ça, vous y avez pensé ?

J'ai parlé fort. J'ai claqué la porte.

J'ai pris la vieille photo au fond du tiroir. Il se tient debout derrière elle, elle l'entoure de ses bras, je suis déjà dans son ventre. Il croise ses deux mains sur ce ventre.

J'ai posé la photo à plat sur le bureau. J'ai décalqué les contours de sa figure. Soigneusement. J'ai repoussé la photo. De mémoire j'ai dessiné les traits du visage. J'ai roulé la feuille en boule. Je l'ai jetée dans la poubelle.

Je suis sorti dans la nuit. J'ai marché dans les champs derrière les maisons. Je me suis couché dans l'herbe devant une baie vitrée. Un homme et une femme étaient assis à une table, dans une grande pièce pleine de tableaux et de canapés. Un adolescent, leur fils sans doute, est entré. Il a repoussé son assiette avec violence. Ils n'ont pas réagi.

Il est sorti. J'ai retenu mon souffle. Il se tenait près de moi. Il a tiré un paquet de cigarettes de sa poche, il en a allumé une. J'ai laissé la fumée m'envelopper. Je l'observais. Il avait un corps d'athlète et un beau visage entouré de cheveux lisses. Il a senti ma présence. Il a dit :

– Qui est là ?

Je me suis levé, prêt à courir. Il s'est approché.

– Qu'est-ce que tu fous ici ? Tu mates ? Je te conseille la chambre de ma mère dans une heure. Elle est encore bonne.

J'ai été pris d'une quinte de toux. J'ai reculé.

Il a demandé :

– Où tu vas comme ça ? Maintenant que tu es là, j'ai besoin de compagnie.

Il s'est allongé sur une chaise longue et il m'en a désigné une autre d'un geste autoritaire.

– Mon nom c'est Antoine.

Je suis resté debout.

9

– Ça fait six mois que tu es là, dit Pierre.
– Joyeux anniversaire. Je réponds.

Six mois, six ans quelle importance ? Le monde extérieur n'existe plus. Seules comptent les activités de L'Arche. Plus de sensation. Ni fatigue, ni dégoût, ni envie, ni haine. Je survis au présent. Plus de passé, plus d'avenir. Rien à gagner, rien à perdre.

Pas une note de musique, pas un livre, pas un crayon, pas une lettre. Aucun lien.

Je parle peu. À Pierre, ou au groupe de thérapie. Le son de ma voix me surprend chaque fois. Je prends le relais. Je m'occupe de ceux qui arrivent. J'allonge les épaves gémissantes sur les lits de fer. Certains sont déjà venus. Ils n'ont pas tenu dehors. On leur offre une deuxième chance. La nuit, j'entends les hurlements. Je me branle, ça aide à dormir.

Le groupe me tisse une enfance difficile. Ils cherchent une raison. Je sais ce qu'ils veulent me faire dire : manque du père, œdipe contrarié, relation fusionnelle avec la mère, jalousie du petit frère. Vous avez les ingrédients, vous mélangez, vous obtenez un cocktail de défonce. La vérité est trop nue pour qu'ils s'en contentent : déception, renoncement, ennui comme une gangrène. Rencontre au bon endroit au bon moment. Nirvana assuré. Vous ne l'aviez même pas imaginé : rien ne vaudra plus jamais ça. Rien à ajouter. Allez vous faire voir.

Elle m'attend chaque jour près des toilettes. Je ne connais pas son prénom. Je la baise contre la cuvette. J'éjacule à peine. Les portes claquent trop vite.

Ils nous confient une mission. À elle et à moi. Pur hasard ou manigance de Pierre. Je n'ai pas de réponse. On est lâchés dans les villages environnants avec un surveillant. On doit vendre. Des livres. Ceux de L'Arche. Ça parle d'humanité. Je suis bon. J'embobine les gens. Je vends bien. On continue. On va plus loin. On prend un car. Elle glisse sa jambe contre la mienne. Elle remonte le long de la cuisse. Le surveillant fait semblant de ne rien voir. Elle s'appelle Virginie.

La place d'un village. Une porte ouverte. Une odeur de pain grillé. Je respire. La vie repasse entre mes poumons. J'expire. On installe le stand. Une chanson à la radio. Je ne l'ai jamais entendue. Ça dit : *Je peux me passer de toi.* Le temps a continué sans moi. Je pense à Antoine. Je pense à ma mère. À mon frère. Pas à Lou. Virginie se colle à moi. Elle dit :

– Dès qu'il s'éloigne, on décampe. Tiens-toi prêt. Tu me suis ?

Je peux me passer de toi. Je hoche la tête. On court. Très vite. L'air me fouette le visage, pénètre dans mes narines. Je suis à bout de souffle. Elle me pousse dans une ruelle. On passe une porte cochère. On s'effondre. Les marches d'un escalier.

Elle me suit dans la campagne. Ça fait des heures.

On passe plusieurs lieux-dits. On trouve un hôtel minable sur une nationale. On paie avec le fric des livres. On baise malgré la fatigue. Elle s'endort. Je ne supporte pas son odeur. Je me lève. Je vais sous la douche. Dans la chambre, j'évite le lit. Je m'assois sur le fauteuil. Elle a la bouche ouverte. Je regarde ses fesses, j'en dessine le contour mentalement. Je dis :

– Qu'est-ce qu'on fait maintenant ? On en cherche.

10

Le vendredi, je finissais plus tôt. Je sortais en plein soleil sur le trottoir devant le stade. Je traversais, je m'accroupissais, je prenais mon carnet, je dessinais les sportifs.

J'ai levé la tête. Il était là, de l'autre côté de la rue. Il fumait une cigarette en regardant droit devant lui. Il inspirait, passait la main à travers la grille, jetait ses cendres dans l'enceinte du collège. Le regard des autres s'attardait sur lui puis se détournait soudain. De la gêne, c'est ce qu'on ressentait en le voyant. Peut-être parce qu'il n'en éprouvait aucune, peut-être parce qu'il ressemblait déjà à l'adulte qu'il serait. J'ai voulu l'appeler, mais aucun son n'est sorti de ma bouche. Je me suis redressé, j'ai refermé mon carnet et je suis resté indécis devant les clous.

Il a traversé sans me regarder et s'est arrêté juste devant moi, comme si c'était ce qu'il avait l'intention de faire depuis le début. Il a dit :

– Tu vois, je t'ai trouvé.

– Pourquoi moi ? J'ai demandé bêtement.

Il a eu un rire ironique. On s'est mis à marcher l'un à côté de l'autre au hasard des rues. Je le dépassais d'une tête. Je ne savais pas quoi faire de mon corps maigre et long près du sien aux justes proportions. J'évitais les mouvements. J'essayais d'accorder ma démarche à la sienne. Au bout de quelques pas, je collais à son rythme, je me sentais pour la première fois en harmonie avec le bitume, avec les maisons, le village. J'ai pensé à Lou, à sa façon d'habiter l'espace. Il a désigné le carnet à dessins.

– C'est quoi ?

– Des croquis.

Je les ai rangés dans ma poche.

Il a dit :

– Tu parles pas beaucoup.

Il n'attendait pas de réponse. Il m'a glissé une cigarette entre les lèvres.

– Tiens, le silence, c'est encore mieux avec une clope.

Il l'a allumée et il a dit :

– Inspire.

J'ai fait comme il disait, j'ai eu un haut-le-corps. Il s'est remis à marcher. J'ai inspiré encore et, cette fois, j'ai gardé la fumée. J'ai aperçu mon reflet dans une vitrine. Je n'ai pas détourné la tête. Je me suis observé, moi, lui et nos cigarettes.

– Tu n'as pas cours ? J'ai demandé.

– Je sèche.

– Et tes parents ?

– Il faudrait déjà qu'ils se souviennent de mon existence ; ils bossent à Paris. Je signe pour eux. Ils font comme s'ils ne savaient pas.

On a marché longtemps.

– Où tu étais ? a demandé mon petit frère quand je suis rentré.

– Il est tard, a dit ma mère.

– J'étais avec Antoine.

Le lendemain, il est venu me chercher à la maison. Ma mère nous a laissés partir. On a pris un chemin derrière le lavoir. On est arrivés devant un hangar. Ils étaient une dizaine, affalés sur des tapis étalés par terre. Ça sentait le renfermé. Il faisait sombre malgré le soleil. Un garçon a glissé sa main sous le T-shirt d'une fille. Sa main faisait des bosses qui ondulaient au rythme d'une chanson. La fille avait les yeux fermés. Dans son autre main, le garçon tenait un verre. La fille a ouvert des yeux qui n'exprimaient rien. J'aurais voulu y lire quelque chose.

— C'est Abel, a dit Antoine.

— Il est un peu jeune, a dit l'un d'eux.

— Il a mon âge, a répondu Antoine.

Plus personne n'a rien dit. On s'est assis sur un des tapis. Ça puait encore plus.

— Tes amis ont l'air sympa. J'ai dit pour dire quelque chose.

— On est mieux seul dans la foule, a dit Antoine.

J'ai pensé que c'était une phrase qui ne voulait rien dire, mais elle m'a paru belle.

11

Je veux être seul. Je quitte la chambre.
Virginie. Je ne lui laisse pas le temps. Je dis
juste :
— Je reviens.
Je cours dans le couloir, dans l'escalier.
J'ai dix euros en poche. Le soleil est bas, noir.
Sur un bâtiment gris qui crache de la fumée.
Je cherche l'automne dans la campagne déso-
lante. Pas une feuille. Ni morte ni vive. Je
traverse un pont au-dessus de l'autoroute. Il
tangue et vibre au flot des voitures. Je me
penche, je tends les bras. L'immensité est
laide. Je l'abandonne. Je rejoins les hommes.
Je marche droit le long de la bande d'arrêt
d'urgence. Pas assez droit pour eux. Ils
klaxonnent, m'apostrophent. Je ne flanche
pas. Jusqu'au bout.
Un péage. Une cabine téléphonique. Une
femme habillée en motarde. Elle en sort.
J'ose quelques mots. Les premiers depuis des

mois. Elle m'offre sa carte et les quelques unités restantes. Je compose le numéro. Je m'étonne qu'il soit encore au bout de mes doigts. Quelques sonneries. On décroche. Je reconnais la voix. « Allô, Allô... », répète la mère d'Antoine. Je raccroche. J'ouvre la porte précipitamment. Je garde la poignée de métal serrée dans la paume. Je la relâche. Elle s'est inscrite sur mes lignes de vie. La mère d'Antoine n'aurait rien dit. Son fils est en quarantaine, comme moi. Combien de centres y a t-il en France ? Comment trouver le sien ?

Je quitte l'autoroute. Je marche encore. Je fais du stop. Un camion s'arrête. Un homme me fait signe. Je m'approche. Je me hisse à côté de lui. Ça sent la bière et le sau-cisson. L'homme ne dit pas un mot. Il mange son sandwich, il boit. Il conduit d'une main. Il écoute Dalida : *Il venait d'avoir dix-huit ans, il était beau comme un enfant...* Il ouvre largement la bouche, chante à tue-tête entre deux bouchées de saucisson. Il me tend une clope, je la prends. Il chante. J'écoute Dalida. J'ai envie de rire. Je ris. Je ne reconnais pas mon rire.

Le camion roule vite. Quelques feuilles d'automne volent sur le pare-brise. Elles semblent venir de nulle part. On entre en ville. Le camion s'arrête près de la gare. J'ouvre la portière. Je saute. J'atterris sur un trottoir. Je me sens en vie. J'avance vers la gare. Je pourrais prendre un train. Pour où ? Ou bien rester sur le quai à le regarder partir. J'entre dans la seule boutique. Je déambule devant les couvertures des magazines. Je ne tends pas la main, je ne les feuillette pas. Les titres semblent écrits dans une langue que je ne connais pas. J'aperçois un flic, je courbe le dos, je baisse les yeux. Je m'éloigne.

— En voilà un qu'a besoin de nous, dit une voix derrière moi.

Un garçon tatoué et une fille aux cheveux rouges me dévisagent. Ils tiennent un chien à l'air féroce.

— On peut faire quelque chose pour toi, dit la fille.

— Sûrement. Je dis.

Je les suis. On laisse la gare derrière nous. Le chien grogne. Ils demandent :

— T'as combien ?

— J'ai rien.

Ils grimacent.

— C'est bon. Mais tu restes à disposition pour la nuit.

Je cherche une parade. Ils le sentent. Deux autres garçons se rapprochent.

– C'est un peu tard pour flipper, me disent les cheveux rouges.

12

– Tu as changé, m'a dit Lou tout de suite ; qu'est-ce que tu as changé !

– C'est mes cheveux.

Je les avais rasés. Elle a effleuré mon crâne lisse. Elle a retiré sa main très vite. Elle aussi avait changé. Elle était belle. Je ne le lui ai pas dit. Le silence nous a fait peur.

– Tu t'es fait un ami, m'a dit ta mère. Tu dois être content ? a demandé Lou. Tu me le présentes quand ? Il sait que tu es un génie ? Tu...

– Arrête avec ça. D'ailleurs je dessine plus en ce moment.

Elle m'a observé longtemps. J'avais reçu sa lettre. Elle était entrée dans une grande école de danse. Danser était devenu son travail. Danser occupait ses journées entières. La nuit, elle ne pouvait que dormir, se reposer d'avoir tellement dansé. C'est ce qu'elle m'avait écrit.

– Mais tu sors quand même ? J'ai demandé. Tu vis ? Tu vois quelqu'un ?

Elle a enroulé ses bras autour de moi, elle s'est approchée plus près. J'ai senti son souffle à mon oreille, et des sanglots si frêles que je les entendais à peine. J'ai senti ses seins et son cœur battre contre ma poitrine. On est restés comme ça, immobiles au milieu de ma chambre. J'ai oublié à quel moment elle a quitté la pièce, et si elle a dit quelque chose. J'ai oublié quel jour on s'était promis de ne pas changer, d'être les mêmes l'un pour l'autre.

Quand elle est partie, j'ai pris mon carnet, je l'ai croqué en train de danser, avec les nouvelles courbes de son corps. J'ai dessiné les figures qu'elle me montrait.

Ma mère est entrée. Elle voulait que je garde mon frère. J'ai protesté, j'avais rendez-vous avec Antoine. J'ai dû emmener Jérémy avec moi.

Antoine n'a rien dit. Il a simplement renoncé à sortir ce jour-là. On s'est installés dans le salon de ses parents. Il a allumé la télé, a zappé, puis choisi un programme pour Jérémy. Il lui a donné un Coca puis m'a entraîné plus loin. Il m'a désigné une grosse moto sur la pleine page d'un magazine. Il a dit :

— Il nous faudrait cette bécane. Avec ça on pourrait enfin vivre.

J'ai regardé sans comprendre.

— Quand je l'aurai, tu viendras ?

— Où tu veux aller ?

— N'importe où, loin d'ici, j'ai envie de voir du pays. Tu n'y as jamais pensé ? Tu veux quand même pas moisir dans ce bled ?

J'ai pensé à Lou, à son étreinte. J'ai posé la main sur l'épaule d'Antoine. Ça lui a suffi. Il a sorti un atlas. Il a désigné les pays accessibles à moto. Les routes où on irait ensemble. J'aurais voulu lui ressembler. Avoir son assurance.

13

Je retrouve mes forces. Je cours. Je bondis. Je quitte la ruelle sombre. Je débouche sur l'avenue. Je suis à nouveau dans la gare. Je m'assois derrière le kiosque. À peine essoufflé. Je suis entraîné. Je rouvre les yeux. Un autre chien avec une muselière se dresse devant moi. Les flics me demandent mes papiers. Je cherche des yeux la sortie, mais ils surprennent mon regard, me relèvent et m'embarquent. Je me laisse faire. À l'arrière de la voiture, je me mords les joues, je me concentre sur le goût du sang, le grésillement du poste de radio.

Au commissariat, ils avancent une chaise rouillée. Elle grince. Ils m'interrogent. Nom, adresse, date de naissance, nationalité. Ma voix résonne. Je ne veux pas qu'ils appellent ma mère. Je dis tout. L'Arche, Pierre, la fugue.

Je suis derrière les barreaux. J'attends. Je n'ai pas peur. Plutôt soulagé. J'attends Pierre. Je ne bouge pas.

Ils ouvrent la cellule. Je me lève. Après le couloir, Pierre n'est pas là. Je remonte dans la voiture. L'intérieur de mes joues saigne. J'avale mon sang. La route est longue. Ils sont deux, ne parlent pas, ne se retournent pas. La nuit tombe. Les arbres sont des silhouettes qui se penchent.

Un soir, Lou m'a emmené à Paris. Son père conduisait, elle s'est assise à l'arrière, à côté de moi. Je regardais les arbres s'agiter. Dans un virage, j'ai senti son corps peser sur le mien.

On entre dans L'Arche. Je suis chez moi.

Pierre n'est toujours pas là. Ils m'enferment à double tour. Dans la pièce sans fenêtre. Ils me frappent. Je ne crie pas. Ils hurlent :

– Tu as compris, maintenant ?

Ils frappent encore longtemps et referment la porte. Je bois mon sang. Je suis seul.

Je suis réveillé par Pierre. Il me déshabille, il me lave, il me rhabille, il me met au lit. Je le retiens. Je dis : « J'ai compris, j'ai compris... » Il hoche la tête. J'attrape sa main. Il la retire. Il se lève. Il murmure : « Je ne peux pas. Je dois te laisser. »

Il se rassoit. Il me tient la main.

14

Le soleil disparaissait derrière les branches. L'heure entre chien et loup. Elle a dit :

— C'est le moment que je préfère.

On avançait sur le chemin des ronces. Elle avait l'air de glisser à côté de moi. Elle a demandé :

— Tu viendras ? Je voudrais que tu sois là. On t'emmènera en voiture.

— Je verrai.

Elle a deviné de l'anxiété dans ma réponse. Elle savait tout de moi.

Elle a dit encore :

— Je dois rentrer.

— Reste un peu.

Je me suis assis dans l'herbe, en prenant garde aux ronces, et j'ai allumé une cigarette.

— Arrête de fumer comme ça, a dit Lou ; tu t'abîmes la santé.

— Et toi ? Tu crois pas que tu t'abîmes à

danser comme une malade ? Ils te tuent, tu ne le vois pas ? Tu seras vieille avant de t'en rendre compte.

J'attendais qu'elle proteste, mais elle a hoché la tête.

— Tu viendras, elle a répété.

J'ai regardé sa silhouette descendre le long du chemin. Longtemps. Le souffle court. Chaque fois. L'horizon était dégagé loin devant.

Puis, devant la mare, le petit bois la dérobait à mes regards. Je respirais.

J'ai écrasé ma cigarette. J'ai couru pour que l'air efface l'odeur de la fumée. J'ai filé dans ma chambre, je me suis changé, j'ai pris un chewing-gum. Jean m'attendait.

— Le proviseur a appelé. Tu sèches les cours ?

— En quoi ça te concerne ? J'ai répondu.

Il s'est énervé, ma mère est arrivée. D'abord ils en ont eu après moi, puis ils se sont mis à s'engueuler. J'ai fermé la porte, j'ai ouvert la fenêtre. Le vent a agité les dessins sur les murs. Les figures de Lou. Les mouvements de Lou. Je les ai déchirés les uns après les autres. Jusqu'au dernier cri. Jusqu'à ce qu'ils se taisent. Il n'est resté qu'un dessin. Ma mère est entrée sans frapper.

– Je ne veux plus que ça se reproduise.

Elle parlait comme une mère doit parler, mais le ton ne lui allait pas. Elle fixait les bouts de papiers déchirés, éparpillés sur le sol. Elle s'est penchée pour les ramasser, a vacillé. Son poids l'entraînait vers le sol. Je l'ai trouvée grosse. Au fond, elle s'en foutait que je sèche les cours, que je sente la clope, que j'ai Antoine, que je n'ai pas Lou. Tout lui était égal à ma mère.

Un jour, je l'ai surprise dans la cuisine à regarder fixement dehors. Jérémy se suspendait à son bras mais elle ne le voyait pas. Je l'ai appelée doucement, elle n'a pas entendu. Mon frère a grimpé sur mon dos. J'ai fait le cheval dans toute la maison. On a roulé sur son lit. Il a pris ma main et il a posé sa paume contre la mienne.

– Dessine la différence, il a dit.

J'ai pris un crayon et je ne sais pas ce que j'ai dessiné.

15

Je ne garde pas le lit. Je reprends les travaux. Je réintègre le dortoir. Je retrouve les respirations dans la nuit. Je ne parle pas. Je suis au ralenti. Pierre me tend les outils, il ne dit rien non plus. Il se contente d'être là.

Je croise Virginie dans un couloir. Elle me crache dessus. Je prends un mouchoir, j'essuie sa salive. Je ne veux pas savoir ce qui lui est arrivé.

– Si tu te tiens à carreau, tu sortiras bientôt, dit le psy.

Je ne veux pas sortir. Je veux vivre éternellement une seule et même journée. Je regarde Pierre. Je sais pourquoi il est resté. J'accueille les nouveaux. Je prononce les mots qu'il faut. Ce sont mes seules paroles.

Atelier peinture, atelier poterie, mes doigts me servent à nouveau. Je suis bon, et ils le remarquent. Je suis nommé chef d'atelier. J'enseigne les arts plastiques.

– Pourquoi tu m'as rien dit ? demande Pierre.

Dire quoi ?

J'ai droit au courrier. Je reçois une lettre. Une écriture ronde. Je la glisse sous mon oreiller. Deux jours passent. Je la lis.

Abel,

Pourquoi tu n'étais pas là pour mon anniversaire ? Ils disent que tu reviendras bientôt. Maman aussi n'est pas là. Vous me manquez. Est-ce que tu seras là pour tes dix-huit ans ? Je t'embrasse.

Jérémy

PS : peux-tu m'envoyer des dessins ? Je t'attends. Jérémy.

Je dessine et j'écris. Avec Jérémy, les mots sont simples. Je lui demande de trouver l'adresse d'Antoine. C'est le seul que je reverrai. Jérémy grandira sans moi. Il est trop tôt pour le lui dire. On me donne d'autres lettres. Je reconnais l'écriture de ma mère. Je ne les ouvre pas. Je cache chaque lettre dans un endroit différent pour être sûr de ne pas les retrouver.

16

Je me suis arrêté sur le seuil. C'est la seule fois où je l'ai entendue crier. Elle hurlait qu'elle n'en pouvait plus, qu'elle voulait être comme tout le monde.

– Tu es juste fatiguée, a dit sa mère.

– Calme-toi, a dit son père ; demain, ça ira mieux. Tu sais bien qu'il est hors de question que tu laisses tomber. On a suffisamment investi.

– Mais c'est ma vie, c'est ma vie, a crié Lou.

Le calme est revenu. Un chien a aboyé au loin. J'étais prêt à faire demi-tour. Mais la porte s'est ouverte.

– Ce n'est rien, a dit son père, entre. Lou craque parfois. C'est ça les artistes.

J'ai acquiescé et j'ai couru vers les toilettes. Je n'ai pas réussi à vomir. J'avais fumé trop de joints.

– C'est bien que tu viennes avec nous, a dit sa mère ; Lou y tenait beaucoup.

Ils se conduisaient comme si la scène n'avait pas eu lieu. Lou a descendu l'escalier et m'a souri. J'ai guetté un signe sur son visage. Mais elle est restée aussi lisse que la rampe qu'elle tenait. Peut-être que ce genre de scènes se produisait tous les jours. Elle vivait dans un monde dont j'ignorais tout. Je ne savais d'elle que ce qu'elle voulait montrer.

Son père a ouvert le coffre de la voiture. Il a posé mon sac à côté de leurs bagages. J'aurais voulu que Lou me prenne à part, qu'elle me parle. À moi seul.

Elle a ouvert la portière. On s'est assis à l'arrière. Elle regardait le paysage de mon côté, son visage incliné vers moi. Ses mains reposaient sur ses genoux. Elle se tenait droite. Je ne l'ai jamais vu se tenir autrement. Droite. À chaque seconde. J'ai baissé les yeux, j'ai fixé nos pieds. Ses jambes. Ses muscles qui se raidissaient quand la voiture virait. Son père a mis la radio. J'ai eu un sursaut. J'ai saisi sa main. Elle l'a retirée vivement. Puis elle me l'a rendue. On est entrés dans Paris.

Lou dansait à l'Opéra Garnier. Le spectacle avait lieu quelques heures plus tard.

Elle est partie pour les dernières répétitions. Ses parents s'affairaient dans leur appartement. J'y étais venu une fois, plus petit. Je redécouvrais les lieux, fixais les objets, le mobilier. J'essayais de percer leur mystère. Sa chambre était jolie. Aucune faute de goût. Impeccablement rangée. Je me suis assis sur le lit, j'ai respiré son parfum sur les draps. C'était la seule chose d'elle dans la pièce.

Je suis sorti dans la rue. Je n'ai pas marché longtemps. Je n'étais pas curieux. Je me suis assis contre une porte cochère, j'avais mal au ventre. Quelque chose allait arriver. Quelque chose me terrorisait, mais je ne savais pas quoi. J'ai repoussé cette pensée. Je me suis roulé un joint.

Elle dansait. Je n'ai pas pu la regarder. Chaque fois que mon regard se posait sur elle, ma tête tournait. Pour ne pas tomber, j'ai levé les yeux. J'ai détaillé le plafond. Les danseuses de Chagall dont Lou m'avait parlé. Jusqu'aux applaudissements.

Elle a insisté pour m'installer un lit à côté du sien. On s'est couchés l'un à côté de l'autre. Elle s'est tournée vers moi, s'est appuyée sur ses bras croisés et a fermé les yeux. Je n'ai rien dit du spectacle. Elle n'a posé aucune question. J'ai murmuré :

— Je sais que tu ne dors pas.

— Je sais que tu sais.

— Si tu ne veux plus danser, arrête. Tu as le droit de choisir. Personne ne peut t'obliger.

— Tu me présenteras tes amis ?

— Lou, pourquoi tu ne veux pas me parler ?

— Je t'écoute ; je t'entends.

On s'est tus. Une sirène a retenti en bas, dans la ville, puis des rires.

Je l'ai regardée s'endormir. J'ai éteint la lumière. J'ai écouté sa respiration. Toute la nuit.

17

— Tu as de la visite, me dit Pierre.

Je ne lâche pas mon pinceau. Je le repose sur le mur que je suis en train de peindre. En jaune.

— Tu dois y aller, me dit Pierre. Arrête ça.

Je replonge le pinceau dans le seau à mes pieds. Je repousse une mèche de cheveux de la couleur du mur.

— Je ne veux voir personne.

— C'est ta mère, me dit Pierre.

La phrase résonne à mon oreille. Pierre me pousse vers la véranda où sont reçus les visiteurs. Je guette la présence de ma mère. Aucun signe. Elle tire peut-être nerveusement sur sa clope. Elle regarde les dégénérés s'activer dans le parc. Mes semblables. Elle me cherche parmi eux. Elle a peur. Qui est son fils ? Elle n'a rien vu, n'a pas su. Je cesse d'avancer. Je m'adosse à un pilier. Pierre me tire par le bras. Mon corps est en plomb. La véranda est vide. Juste une silhouette, près de la fenêtre. Elle regarde le parc. Elle a maigri. Beaucoup. Elle se retourne, me voit. Elle attend. Je ne peux pas bouger. Elle le comprend. Elle s'approche. Nous restons face à face. On ne dit rien. On finit par s'asseoir. Je demande :

– Où tu étais ?

Elle raconte sa dépression. Sa cure d'amaigrissement. Elle ne termine pas ses phrases. Simplement :

– On va s'en sortir.

Elle doit partir. Elle se relève brusquement puis s'effondre. Elle me serre, me caresse les cheveux. Je n'ose pas la repousser. Elle répète : « Mon petit garçon, mon tout petit. »

Elle est secouée de larmes. Je serre les dents. J'enfouis mon visage dans son cou. Je vais bientôt quitter L'Arche. Elle sera là.

18

J'attendais Antoine.

— Il vient d'appeler, me dit sa mère. Tu dois le rejoindre chez vos amis.

Je m'apprêtais à sortir, mais elle m'a retenu.

— Tiens-moi un peu compagnie. C'est ma fête, ce soir.

Elle a ouvert une bouteille, m'a servi du champagne. Une coupe, puis deux. J'étais bien. Elle a disparu un moment, puis m'a appelé. Quand je suis entré dans sa chambre, elle était en combinaison. J'ai détourné les yeux, elle a dit.

— Toi qui as du goût, tu vas m'aider à choisir.

Elle a ouvert un placard, a décroché des robes. J'en ai montré une au hasard. Elle l'a essayée puis enlevée. J'en ai désigné une autre. Elle l'a enfilée. Je me suis assis sur le lit jonché de vêtements. Elle a demandé :

– Tu vas bien ?

Elle a posé sa main sur mon front. Je me suis penché vers sa poitrine, elle a pris mon visage et l'a attiré entre ses seins. J'ai relevé la tête. Je l'ai embrassée.

Je n'ai pas rejoint Antoine. Je suis passé devant la maison de Lou. Les volets étaient fermés.

Malgré l'obscurité, je distinguais les feuilles mortes sur la pelouse délaissée. J'ai pris un râteau et j'ai balayé les feuilles. J'ai fait trois tas de tailles égales. J'ai mis les feuilles dans la brouette et j'ai tout versé dans la mare voisine. À la surface de l'eau, les feuilles formaient un tapis sombre et ondulant. Je me suis allongé dans la vase et j'ai enfoncé mon bras dans l'eau noire. J'ai cherché à retrouver les traits de la mère d'Antoine, je n'ai vu que son corps nu sur le mien. Je me suis endormi la tête sur la boue.

Au petit matin, ma mère avait pleuré. J'ai fait comme si je ne voyais rien. Je suis passé devant elle et je suis entré dans la salle de bains. Je me suis fait couler un bain et j'ai enlevé mes vêtements trempés. Je me suis mis à trembler. Ma mère m'a donné une gifle. J'ai arrêté de trembler.

    – Où tu étais ?

    J'ai parlé d'une fille. Elle a hésité puis elle est sortie de la pièce. Je me suis plongé dans l'eau bouillante.

19

Ce serait facile. Rester là, suspendu au-dessus du vide. Savoir que personne ne vous poussera. Juste regarder les jours s'égrener au calendrier. Je le dis à Pierre.

– Je sais pourquoi tu n'es jamais reparti.

J'ai envie d'ajouter que je vais faire pareil, mais je revois ma mère devant la fenêtre de la véranda. Cette image m'obsède. Je demande :

– Comment on sort d'ici ?

– Ici ou ailleurs, me dit Pierre, tu restes un marginal. Toi, au moins, tu trouveras un job. Tu t'ennuieras. Tu n'y toucheras pas. Mais tu y penseras. Tu attendras. Tu attendras mieux. Mais rien ne viendra.

Des mois que je suis là, des jours qu'il me ramasse, qu'il me tient à bout de bras. Et puis, ce discours, ça signifie quoi ? C'est une stratégie ? Pour que je proteste, pour que je crie que j'ai envie de vivre, qu'il me tarde, qu'il me tarde...

« *Pierre j'ai pitié de toi.* »

Je retrouve les lettres. Je les sors une à une de leurs cachettes. De leurs enveloppes. Jérémy, Jean, Maman. J'ai une famille. Ils m'attendent.

On demande à me voir. J'affronte la véranda à nouveau. J'aperçois une ou deux silhouettes familières. Elles entraînent leurs visiteurs à l'écart. Pour moi, personne. Je m'assois sur un banc. Je sors une cigarette. Je suis aux aguets. Un homme s'approche. Il s'arrête, regarde autour de lui. Je croise son regard indécis. Il finit par s'asseoir à l'autre extrémité du banc. Il dit :

— Je crois que c'est vous que je viens voir.

Il n'attend pas de réponse. Il dit encore :

— Je viens de la part de Lou.

Je me lève brutalement. Le banc oscille. L'homme perd l'équilibre, se rattrape. Je tiens debout. Je pourrais me rasseoir ou partir. Il insiste :

— Lou, c'est bien une amie à vous ?

— Qu'est-ce qu'elle veut ?

— Elle m'a fait rechercher. Elle est venue me voir. Elle voulait que je vous rencontre.

J'ai d'abord refusé. Je pensais que c'était une mauvaise idée.

Il parle clairement. Sans inflexion. Il m'observe.

— Finalement, je suis heureux de vous connaître.

Je suis en face de mon père. Je n'éprouve rien. Je pourrais répondre : « Moi aussi je suis heureux de vous connaître. » Je n'éprouve rien. Je ne suis pas heureux. Je ne suis pas malheureux. Je pense à Lou.

Il glisse dans ma poche son adresse et son numéro de téléphone. Si j'en ai envie, je peux le contacter. Il fait demi-tour. De dos, je dois ressembler à ça : un être démesurément long avec un certain déséquilibre dans l'allure générale. De dos, je le reconnais. J'éprouve le vide.

20

Je n'allais pas en cours, je falsifiais les mots d'excuses, j'interceptais les courriers. Une vigilance de chaque instant. Ne rien faire occupait tout mon temps. La famille d'Antoine plaisait à ma mère. Avec eux, j'avais sa bénédiction.

Elle surveillait sa balance. Elle avait commencé un nouveau régime. Elle perdait des kilos. Je la perdais de vue.

Je ne quittais pas Antoine. On dormait en plein jour dans le hangar, derrière le lavoir. On fumait, on sniffait des saloperies. L'odeur des tapis ne me dérangeait plus.

J'ai entendu la voix de Lou. J'ai cru que je rêvais. J'étais allongé. Une fille dormait en travers de mon corps. Pour bouger, il aurait fallu que je la soulève, la repousse. Elle pesait sur moi de tout son poids. J'ai levé à demi les paupières. J'ai vu Antoine devant la porte entrouverte. Si j'ouvrais vraiment les yeux,

un rayon de soleil venait me frapper. J'ai
baissé les paupières. Leurs voix se mêlaient.
Celle de Lou et celle d'Antoine. Je rêvais.
Lou était à Paris. Le battant de la porte a
grincé, la lumière est entrée violemment.

— Abel, je veux te parler, a dit sa voix
sourde.

Elle se tenait en pleine clarté. Elle fixait
le corps allongé sur le mien. Antoine s'est
penché, il a attrapé la fille et l'a rejetée sur
les coussins. J'ai essayé de me redresser. Il a
dit :

— Il arrive. Attends dehors.

Puis quand Lou est sortie, il a demandé :

— Comment tu as réussi à me la cacher ?

J'ai détesté son assurance. Je n'ai pas dit
un mot. J'ai avancé sur la route, dans la
lumière crue. Lou derrière moi.

— C'était ta copine ?

— Qu'est-ce que tu fais là ?

— Je me suis enfuie. Je suis venue seule,
en train. Je n'ai pas les clés de la maison. Il
fallait que je te voie. Je l'ai fait : j'ai laissé
tomber. Je ne me suis pas présentée au
concours. Ne marche pas si vite. Je vais rester
avec vous. Antoine a dit que je pouvais, ses
parents ne sont pas là.

J'ai stoppé net.

– Tu peux pas arrêter, tu peux pas faire ça !

Elle a vacillé. Un instant. Son regard m'a effleuré, puis s'est posé loin derrière mon épaule. Indéchiffrable. Elle a tourné le dos et est revenue vers le hangar. Antoine attendait. On est allés chez lui. Elle lui a parlé. Il l'a écoutée. En tout cas, il a fait comme si.

Ils ont installé trois matelas devant la cheminée. Je n'ai rien pu faire. Les lits se touchaient. Leurs mains se sont jointes. J'aurais pu pousser un hurlement sauvage. J'aurais pu me jeter dans les flammes. M'enfoncer le tisonnier dans les tripes. Me vider de mon sang. Souffrir pour de bon. Je n'ai pas bougé pendant que leurs corps s'agitaient. Elle gémissait et murmurait : « Pas devant Abel. » Lui répétait : « Il dort. » Elle a fait semblant de le croire. Je n'ai pas fermé les yeux, je ne me suis pas bouché les oreilles. Je n'ai pas couru plus loin. Je suis resté éveillé. Toute la nuit.

21

La grange est en travaux. Nous exécutons. Nous portons, nous hissons, nous tapons. Nous recommençons. Porter, hisser, taper. Je monte sur l'échafaudage. Ils accrochent une corde autour de ma taille. Par sécurité. Je m'élève le long de la grange. J'arrive sur la plate-forme. Au sommet. Je dois peindre les murs qu'on a édifiés. Ils me laissent seul. Ils vont chercher les autres. Je vais à l'arrière du bâtiment. Je m'avance au-dessus du vide. L'Arche se détache du sol. Minuscule, flottant avec la distance. Je regarde le parc net, les pelouses, les platanes, les allées en fleurs. Les repères se brouillent. Le ciel est tout près. Ils reviennent. Je recule. Je reviens vers eux. J'ouvre un pot de peinture. Je prépare les mélanges. Je saisis une corde. Très vite. Ils regardent ailleurs. Je fais un nœud solide. Je dissimule la corde sous une bâche.

Demain ils me remonteront. Je serai le

premier. Je prendrai l'escabeau. J'attacherai la corde à la poutre. Je resterai sur l'escabeau. Je glisserai ma tête dans la corde. Je regarderai le ciel. Désert. Je repousserai l'escabeau à terre. La corde se tendra, me brisera la nuque. Ce sera fini.

22

– Antoine n'a pas appelé, a dit Lou. Il n'appellera pas.

Les ronces avaient poussé. Le chemin s'était rétréci. Je nous frayais un passage.

– Qu'est-ce qui m'a pris ? Il m'a plu tout de suite. Il appellera, tu crois ?

Je n'ai pas répondu. Elle a trébuché. Elle m'a agrippé. Je me suis laissé aller. On est tombés. Une mèche de ses cheveux a accroché une ronce. J'ai essayé de la dégager. J'ai tiré fort. Elle a poussé un cri. Je l'ai empêchée de se relever. J'ai planté mes dents dans son cou. J'ai mis ma langue dans sa bouche. Elle m'a frappé. Elle a rampé sur le sol. Je l'ai immobilisée. J'ai grimpé sur son dos. Je l'ai recouverte tout entière. J'ai vu sa main labourer la terre. Je suis entré en elle. Elle ne s'est pas débattue. Elle n'a pas crié. J'ai attrapé une ronce. Je l'ai serrée fort jusqu'à ce que les larmes me viennent aux yeux. Je me suis détaché, me suis allongé sur le dos. La terre était froide. La paume de mes mains brûlait. J'ai hurlé. Je ne sais pas à quel moment Lou a cessé d'être là.

23

Tout va très vite. Je n'ai pas le temps de mourir. La douleur est vive. Sur mon cou. Dans tout le corps. Ils me descendent. Je glisse le long des planches. Pierre me prend dans ses bras, m'emporte vers l'ambulance. Ils sont nombreux à regarder la porte se refermer sur mon brancard.

Pierre vient avec moi. Je suis à l'hôpital. Je demande qu'on ne prévienne pas ma mère. J'ai eu dix-huit ans. Je suis libre. Quand je récupère. Je choisis de repartir avec Pierre. De rejoindre L'Arche. Je trouve une lettre de Jérémy.

Cher Abel,

Merci pour tes lettres. Et surtout très bon anniversaire. Je pense beaucoup à toi. Est-ce que tu reviendras quand même à la maison ?
Je n'ai pas pu avoir l'adresse d'Antoine

parce qu'il n'a pas d'adresse. Maman dit qu'il est mort.

Elle ne veut pas que je te le dise, mais moi je crois que tu as envie de le savoir, même si ça te rend triste. Il ne faut pas être triste. Maman dit que c'est mieux pour lui parce qu'il ne pouvait pas s'en sortir. Je suis triste de te faire de la peine et aussi parce que j'aimais bien Antoine. Gros, gros bisous,

Ton frère qui t'aime

Je plie la feuille. Je la glisse dans l'enveloppe. Je referme l'enveloppe. Je me lève pour aller dîner.

24

C'était un jour de semaine. Un jour comme les autres. On était seuls, lui et moi, dans le hangar. Il a sorti une seringue. Il a dit :

– Je crois qu'il faut qu'on essaye.

Il a sorti un briquet, une cuillère. Il a imité leurs gestes. Il s'est piqué le premier. Il a relevé la manche de mon pull. Il m'a fait un garrot comme pour les prises de sang.

J'ai dit :

– Je ne suis pas sûr. Je déteste les piqûres.

Il a ri. Il a enfoncé l'aiguille dans ma veine.

On y pensait tout le temps. Trouver l'argent. Comme dans un jeu de piste. D'abord trop facile, puis plus compliqué. On était bons joueurs.

Je m'enfermais dans la salle de bains. Ma mère m'attendait devant la porte. Elle a dit :

– Montre-moi tes bras.

J'ai haussé les épaules et je l'ai bousculée pour rejoindre ma chambre. Elle a appelé Jean. Ils m'ont poursuivi. Ils m'ont attrapé. Ils m'ont obligé à tendre les bras. Ils ont découvert les bleus. Ils m'ont lâché. J'ai senti leurs regards me chercher. Ils ont ouvert la bouche mais n'ont pas prononcé un mot. Ils m'ont laissé seul. Plus rien n'a bougé dans la maison.

25

Je vole un morceau de silence. Ça fait des semaines ou des mois. J'ai oublié le goût.

Je me suis assis sous le lilas. Il est en fleur, on doit être au printemps. Les heures, les jours, les saisons ne comptent pas. Peut-être qu'elles ont cessé de compter bien avant que je sois là. Peut-être qu'elles n'ont jamais compté.

Je regarde L'Arche de loin. Elle se découpe dans le ciel. Précise, imposante malgré la distance. Je regarde le parc net, les pelouses, les platanes, les allées. Au milieu, la grange en travaux.

Ils ont relâché la surveillance. J'ai jeté le marteau. J'ai sauté de l'échelle. J'ai couru à découvert sur l'herbe. Ils n'ont pas crié. Je respire le parfum insistant du lilas et celui de la terre tout près. Je me recroqueville, je m'enfonce les coudes dans l'estomac, entre les cuisses. Je résiste. J'appuie plus fort. Mon corps se tend comme un seul muscle. Mon corps est un rempart entre moi et le monde.

Le répit ne va pas durer. Ils me trouveront. Je résisterai. Je ne sentirai rien. Les bruits seront là à nouveau. Omniprésents. Dévastateurs. Ceux des machines, des marteaux, puis les ordres et les insultes, les gémissements et les ricanements. Je fixe la terre devant moi, l'ombre du lilas s'y promène. Je devrais me lever, retourner là-bas avant qu'ils arrivent. Je ne bouge pas. Je fixe la terre, le lilas se balance. J'éprouve une sensation de déjà vu. Je fais un mouvement. L'ombre s'éloigne. Un geste. Elle revient.

Je vacille. Je m'allonge. Je pose les lèvres sur le sol. L'odeur de la terre imprègne celle du lilas.

Je courais. Très vite. Chaque jour. Jusqu'à la balançoire.

Je fixe la terre. Une ombre se dessine à mes pieds, efface le passé. Pierre dit :
— Je t'attends.
Je me relève.
Je reprends les travaux. La grange. Puis l'atelier d'arts plastiques.
La journée se termine. Je me couche. Je

me tourne vers Pierre. Je distingue ses yeux ouverts dans la semi-obscurité. Je dis :

– Je vais rentrer chez moi.

Il garde le silence.

– J'ai écrit à ma mère. Elle vient me chercher. On a rendez-vous.

Il remonte sa couverture, ferme les yeux. Je demande :

– Est-ce qu'on se reverra ?

Il répond à voix basse :

– Je ne crois pas. Dors maintenant. Tout ira bien.

Je croise les bras sur ma poitrine. Je sens mes muscles se soulever. Je sens mon corps d'athlète peser sur le matelas. Je m'étire. Je fais glisser mes mains sur ma peau. Je suis entier. Je m'endors.

26

Je me suis couché dans l'herbe devant la baie vitrée. Son père et sa mère étaient à table. Lui feuilletait un magazine, elle dînait en le regardant faire. La place d'Antoine était vide, son couvert mis.

J'ai levé les yeux vers sa chambre plongée dans l'obscurité. Il était là, quelque part dans la pénombre. Je le devinais. J'ai attendu.

Il a soulevé le rideau, ouvert la fenêtre. Il s'est penché. Beaucoup. J'ai retenu un geste. Il s'est redressé brusquement. Il a levé les yeux vers le ciel, puis le bras. La lueur de sa cigarette a tracé un cercle dans la nuit.

L'herbe était humide et glacée. Il a scruté le jardin. Il a fermé la fenêtre, tiré le rideau. Je me suis relevé. Ses parents n'avaient pas bougé. Le bois mort a craqué sous mes pas.

27

Mon sac est léger. Je le tiens à bout de bras. Je suis devant la grille. L'Arche est derrière moi.

Ça fait plus d'un an.

La voiture surgit au bout de l'allée. Elle roule doucement. J'attends qu'elle s'arrête à ma hauteur. Ce n'est pas ma mère qui tient le volant.

La portière s'ouvre. Lou fait le tour de la voiture. Elle prend mon sac. Elle ouvre le coffre, le referme. Elle se rassoit, se penche pour ouvrir du côté du passager. Je fais quelques pas.

L'Arche est derrière moi. Je ne me retourne pas.

Je monte à côté d'elle. Elle démarre. La voiture accélère. Lou dit :

– Je viens d'avoir mon permis. C'est la première fois que je vais si loin.

Elle ne lâche pas la route des yeux. Elle dit encore :

— Arrête de me fixer. Regarde devant toi.

J'obéis. Je regarde la route devant moi.

T R A N S C O D É
ET ACHEVÉ D'IMPRIMER
EN   JUILLET   2004
SUR LES PRESSES DE
CORLET   IMPRIMEUR
À CONDÉ-SUR-NOIREAU
C   A   L   V   A   D   O   S

Numéro   d'édition :   0671
Numéro d'impression : 78650
Dépôt légal : septembre 2004
Imprimé   en   France